TRABALHO
e AMOR

RYUHO OKAWA

TRABALHO e AMOR
COMO CONSTRUIR UMA CARREIRA BRILHANTE

IRH Press do Brasil

Copyright © 2016, 1996 Ryuho Okawa
Título do original em japonês: *Shigoto to Ai*
Título do original em inglês: *Work and Love – The Prerequisite of the Elite*

Tradução para o português: Happy Science do Brasil
Coordenação editorial: Wally Constantino
Revisão: Francisco José M. Couto e Laura Vecchioli
Diagramação: Priscylla Cabral
Capa: Maurício Geurgas
Imagem de capa: Shutterstock

IRH Press do Brasil Editora Limitada
Rua Domingos de Morais, 1154, 1º andar, sala 101
Vila Mariana, São Paulo – SP – Brasil, CEP 04010-100

Nenhuma parte desta publicação poderá ser reproduzida, copiada, armazenada em sistema digital ou transferida por qualquer meio, eletrônico, mecânico, fotocópia, gravação ou quaisquer outros, sem que haja permissão por escrito emitida pela Happy Science – Ciência da Felicidade do Brasil.

ISBN: 978-85-64658-26-4

Sumário

Prefácio à Nova Edição 9
Prefácio 11

Capítulo 1

A Verdadeira Essência do Trabalho

1. A Natureza Humana e a Vontade de Trabalhar 15
2. Trabalho e Recompensa 19
3. Três Maneiras de Dedicar Sua Vida ao Trabalho 22
   Primeiro Método – Compreenda Sua Vocação Divina................ 22
   Segundo Método – Tenha Entusiasmo 24
   Terceiro Método – Preserve a Gratidão em Seu
   Coração 27

Capítulo 2

Como Desempenhar Seu Trabalho

1. Primeiro, Entenda o Conceito Central 33
2. Estabeleça uma Hierarquia de Importância de
   Suas Tarefas..37
3. Estabeleça e Aprimore Seus Relacionamentos
   Pessoais..41

Capítulo 3

Pré-Requisitos para o Sucesso

1. O Que É o Sucesso? 53
2. Primeiro Pré-Requisito: Ter Prazer no Trabalho 55
3. Segundo Pré-Requisito: Tornar-se uma Pessoa Útil 59
4. Terceiro Pré-Requisito: Aproveitar a Força
   dos Outros 64
5. Como Estudar a Psicologia Humana 67

Capítulo 4

Qual É a Verdadeira Elite?

1. Que Tipo de Elite Irá Sustentar a Nova Era? 73
2. A Transformação do Mercado de Trabalho 77
3. Aposte em um Novo Mundo 80
4. Trabalhos Que Trazem Felicidade à Humanidade 84
5. Três Condições para Ser Reconhecido como Membro
   da Elite na Nova Era 85

Capítulo 5

Trabalho e Amor

1. A Verdadeira Essência do Amor e do Trabalho 93
2. A Lei do Amor no Local de Trabalho 96
3. Satisfazer as Necessidades das Pessoas 98
4. Desejo de Satisfazer e Amar 100

Capítulo 6

A Eficácia das Férias

1. Alegria Serena 105
2. O Que Podemos Aprender com o Estilo de Vida do Leão 107
3. Esteja nas Melhores Condições para Trabalhar 109
4. O Significado Positivo do Descanso 111
5. Como Otimizar o Uso do Seu Tempo 113

Capítulo 7

Aproveitar o Tempo ao Máximo

1. Viva Seu Tempo Integralmente 119
2. Tempo Desperdiçado em Trabalho e Estudo 121
3. O Tempo e a Lei de Pareto 124
4. 20% Decidem o Jogo 126
5. Crie Resultados Concentrados 130

Capítulo 8

O Potencial Humano

1. O Planejamento Concreto para Melhorar 137
2. A Força de Vontade para Abrir Caminho na Vida 139
3. O Inconformismo como Trampolim para o Sucesso 141
4. O Poder de Idealização 144
5. Disposição para Se Sacrificar pelo Sagrado 146
6. Viver em um Mundo de Iluminação Espiritual em
   Seu Atual Corpo 148

Capítulo 9

Viver com Reservas Acumuladas

1. Ter Reserva Espiritual Evita Pensamentos Negativos...................153
2. As Experiências da Infância Formam a Base de Sua Vida............154
3. Tome Providências Antecipadamente 158
4. A Importância da Estabilidade Financeira 162
5. Primeiro Crie a Postura Mental Correta...167

Capítulo 10

O Segredo de uma Vida Saudável

1. Cada um É Responsável por Cuidar da Própria Saúde 173
2. Separe Parte de Seus Ganhos para Cuidar da Saúde 175
3. Reserve um Tempo para Se Exercitar...178
4. Faça um Investimento em Sua Forma Física 179
5. Procure Prevenir a Exaustão...183

Epílogo 189
Sobre o Autor 191
Sobre a Happy Science...195
Contatos 197
Partido da Realização da Felicidade...201
Universidade Happy Science... 202
Filmes da Happy Science 204
Outros Livros de Ryuho Okawa 205

Prefácio à Nova Edição

Desde a primeira edição deste livro, publicado em março de 1990 com o título *Invincible Thinking – Part Two* ("Pensamento Vencedor – Parte Dois"), ele passou a ser lido com muito interesse pela comunidade de negócios, não só por jovens executivos de 20 e 30 anos de idade, mas também por diretores e magnatas do mundo empresarial. Nesse período, o ambiente de negócios no Japão sofreu profundas alterações, e desde então as pessoas não conseguem mais ter uma visão clara do futuro. Assim, é cada vez maior o número de indivíduos que buscam uma filosofia de negócios verdadeira, como aquela apresentada nestas páginas.

Devido ao enorme sucesso alcançado, este livro passou por uma extensa revisão e foi relançado com um título mais específico: *Trabalho e Amor*. Espero sinceramente que ele leve cada vez mais pessoas a adotarem a filosofia de trabalho da Happy Science, a fim de que possam trilhar o caminho do verdadeiro sucesso.

Ryuho Okawa
Julho de 1996

Prefácio

A publicação da obra *Pensamento Vencedor*[1] foi muito bem acolhida em todo o Japão e, como autor, fico muito satisfeito que tenha se tornado um *best-seller*, vendendo centenas de milhares de exemplares. No entanto, o livro trata apenas de uma filosofia geral de vida, e recebi muitos pedidos de pessoas da comunidade de negócios para fazer um relato mais detalhado, com exemplos concretos, de como isso poderia ser aplicado ao trabalho.

Em resposta a esse apelo, reuni meus pensamentos sobre o que se poderia chamar de metodologia de negócios, e apresentei-os neste volume. Embora eu considere impossível cobrir todos os aspectos dos negócios em um único livro, tentei explorar mais esse tema fascinante e infindável, explicando a verdadeira essência do trabalho, como ele deve ser desempenhado, as condições necessárias para se conseguir uma carreira bem-sucedida e as relações entre "trabalho e amor", um tema que previamente havia recebido pouca atenção.

Acredito firmemente que as pessoas que dedicam sua vida ao trabalho serão capazes de fazer muitas descobertas à medida que examinarem cada capítulo. Embora seja possível ler este livro inteiro em sequência, do primeiro ao último capítulo,

---

1 Este livro foi publicado no Brasil em 2008 pela Editora Pensamento Cultrix Ltda.

ele foi concebido de modo que o leitor possa simplesmente abri-lo e ler a seção que mais lhe interesse. De fato, há dicas para o sucesso na vida em todas as partes desta obra, que apresenta uma metodologia efetiva para conquistar seus sonhos.

Ao percorrer este livro inteiro duas ou três vezes, você não só conseguirá se sair bem nos negócios como também poderá alcançar a capacidade de trilhar a estrada dourada para o sucesso na vida.

Ryuho Okawa
Janeiro de 1990

Capítulo 1

A Verdadeira Essência do Trabalho

1

A Natureza Humana e a Vontade de Trabalhar

Neste livro, vou apresentar meus pensamentos sobre o trabalho. A primeira parte irá lidar principalmente com o trabalho em si, enquanto a segunda tratará de outros fatores envolvidos nessa atividade, mas gostaria de começar explicando a verdadeira natureza do trabalho.

A grande maioria das pessoas acha perfeitamente natural passar a trabalhar depois que sai da escola, torna-se membro da sociedade e assume uma carreira.

O trabalho permite que as pessoas ganhem dinheiro para pagar suas contas e tenham recursos para custear seu lazer. Já desde a escola primária as crianças nutrem a expectativa de que irão trabalhar quando forem adultas.

Tendemos a encarar nossa vida como se, desde bem cedo, ela estivesse dividida em duas partes. Primeiro, um período para a autoformação. Não produzimos nada de valor nessa época; não fazemos nada que dê dinheiro. Nossos anos na escola exemplificam bem esse período. Tudo o que temos de fazer é estudar e desenvolver nosso corpo e, portanto, pode-se dizer que nessa fase vivemos da caridade dos pais. Essa etapa dura até o momento em que saímos da escola, nos tornamos membros da sociedade e assumimos uma carreira. Nosso papel, então, passa a ser o de produzir algo que traga benefício ao mundo e, em troca, recebemos uma remuneração ou salário. Trabalhando em sociedade, somos capazes de sustentar mulher e filhos, permitindo que eles tenham tempo de se dedicar à autoformação sem precisar se preocupar em ganhar a vida. E assim o ciclo se repete indefinidamente.

Dito isso, é claro que de uns tempos para cá há cada vez mais mulheres ocupando seu lugar na força de trabalho, e é bastante comum que os estudantes tenham empregos de meio período, portanto meus comentários no parágrafo anterior devem ser vistos apenas como referência ao padrão convencional.

Voltando aos aspectos básicos, é comum ver as pessoas se queixando do emprego; no entanto, em relação a isso, gostaria de destacar o seguinte: "É fácil reclamar, mas alguma vez você já expressou gratidão pelo fato de ter um trabalho?". Pense em como seriam as coisas se você não tivesse uma ocupação; o mundo seria um lugar muito monótono.

Claro, existem pessoas como o Bodidarma – o sacerdote indiano que introduziu o zen-budismo na China –, que, segundo se conta, passou nove anos sentado diante de um muro em meditação. É verdade que uma vida dedicada à prática do zen não trará nenhum dinheiro ao seu praticante, mas mesmo assim trata-se de um tipo de trabalho que no futuro permitirá liderar outras pessoas. Entretanto, se um indivíduo comum, que não for praticante de uma religião, ficar sentado durante nove anos diante de uma parede, os outros dirão que ele é louco e vão criticá-lo por não trabalhar nem trazer nenhum dinheiro para casa. Na realidade, porém, as pessoas são incapazes de ficar sentadas sem fazer absolutamente nada.

Gostaria de enfatizar aqui que o desejo de trabalhar faz parte da natureza humana. Não é algo com que sejamos imbuídos mais tarde na vida, mas faz parte da essência fundamental que nos torna humanos e é algo com que todos nascem. Naturalmente, mesmo os animais podem estar trabalhando para conquistar o alimento do dia a dia, mas as tarefas feitas por eles são parte de um padrão do qual não conseguem escapar.

Por exemplo, uma lontra-marinha se comporta de uma maneira muito incomum para um animal. Ela recolhe moluscos do leito do oceano e, depois, nadando de costas, coloca o que recolheu sobre o abdome e passa a quebrar os moluscos com uma pedra. Isso dá a impressão de que ela está usando sua inteligência para trabalhar, mas na realidade está apenas repetindo um comportamento muito antigo para se alimentar, e não dá nenhum sinal de que esse hábito esteja evoluindo. Se as lontras não se limitassem a quebrar moluscos e fizessem várias coisas em cima do abdome, então poderíamos dizer que haviam progredido, mas a verdade é que elas continuam como simples lontras-marinhas.

Isso se aplica também a outros animais. Poderíamos dizer, por exemplo, que uma das tarefas de um carneiro é fazer crescer sua lã, mas a meu ver eles não têm nenhum objetivo particular ao fazerem isso. A lã pode ser usada para muitos propósitos, mas o carneiro não a faz crescer a fim de cumprir nenhum objetivo; ela cresce naturalmente e não há esforço consciente da parte do animal para produzir uma boa lã para o mercado.

Desse modo, vemos que as tarefas desempenhadas pelos humanos diferem muito daquelas executadas por animais. A diferença está na capacidade que cada indivíduo possui de criar coisas conforme sua personalidade. As galinhas são capazes de produzir ovos, mas não conseguem criar mais nada. Não inventam pratos à base de ovos, nem tentam trocar seus ovos por outra coisa. Ou seja, são obrigadas a operar dentro de um padrão fixo.

Já os seres humanos são capazes de elaborar uma variedade de objetos a partir de um único material. Isso nos proporciona a alegria de criar e é por meio disso que nos é permitido compartilhar as emoções do Eterno Buda/de Deus do Grande Cosmos.

Fica óbvio que o trabalho está intimamente relacionado com a essência básica do ser humano. Buda/Deus deu ao ser humano o desejo de trabalhar a fim de que pudéssemos ser capazes de partilhar as mesmas alegrias da criação de que Ele desfruta.

2
Trabalho e Recompensa

Buda/Deus não só proporcionou trabalho à humanidade, mas ao mesmo tempo assegurou que isso não fosse uma transação unidirecional, ou seja, se você faz um bom trabalho, recebe algo em troca. Na maioria dos casos, essa relação assume a forma de recompensa monetária, embora algumas vezes possa resultar em promoção, ascensão social ou elogios por parte de muitas pessoas, o que trará satisfação à sua alma.

Buda/Deus poderia muito bem ter criado a raça humana de modo que nos empenhássemos exclusivamente no trabalho sem visar retribuições. Mas ele preferiu que fôssemos compensados por nossos esforços, pois isso iria nos motivar a trabalhar sempre. Vamos supor que o *chef* de um restaurante de alta categoria produza belos pratos para os clientes todos os dias, mas não tenha permissão de se alimentar dessa comida cara. Depois de certo tempo, ele irá achar cada vez mais difícil continuar cozinhando. Se o trabalho dele for criar os melhores pratos da cozinha francesa ou japonesa para os clientes do restaurante, mas Buda/Deus declarar que ele só pode comer mingau de arroz, ele terá muita dificuldade em continuar na profissão, e tampouco conseguirá se orgulhar dela.

No entanto, se o trabalho for recompensado com uma casa esplêndida, uma família maravilhosa, estabilidade financeira e a liberdade de realizar muitas coisas, ele ficará estimulado a melhorar suas habilidades. Isso pode parecer egoísmo, mas não é, pois faz parte do grande plano de Buda/Deus. Ou seja, está contido neste plano um mecanismo que manifesta a grande misericórdia de Buda/Deus: "a de poder trabalhar eternamente".

O que quero enfatizar aqui é que o trabalho é sempre recompensado e, como já mencionei, essa recompensa não assume necessariamente uma forma financeira. Um bom trabalho pode resultar em receber elogios dos outros, pode levar a uma melhoria no caráter da pessoa ou mesmo a uma elevação em sua posição social. Mas, seja qual for a sua forma, o trabalho tem sempre uma recompensa.

A razão disso é que o trabalho sempre foi uma atividade de valor e, como tal, produz algum ganho. As atividades humanas só são recompensadas se dão origem a algum proveito.

A única razão pela qual você é pago para fazer seu trabalho é que ele gera um benefício, um lucro, e é por isso que se a pessoa, por suas ações, causar problemas a outras ou prejudicar a empresa, se sentirá culpada ao receber seu salário. Isso porque ela está tendo uma compensação positiva apesar de seu trabalho ter tido um efeito negativo. Não importa o quanto ela seja competente; se causar um prejuízo considerável à empresa, será rebaixada de posto, terá seu salário reduzido ou poderá até mesmo ser despedida. Nesse sentido, há um princípio básico de que o trabalho deve ser algo útil, que crie algum valor, e é por essa razão que ele é recompensado com salário.

Assim, é preciso se conscientizar de que, embora muito gratificante, é bastante natural que o trabalho seja acompanhado de remuneração. Ou seja, a remuneração é algo intrínseco ao trabalho. E, como premissa, devemos considerar o trabalho como algo ao qual devemos entregar nossa vida. O trabalho vale a nossa vida e, por isso, é remunerado e nos proporciona alegria à alma.

Se você receber a remuneração mesmo que não tenha se dedicado ao máximo a esse trabalho, então haverá uma sensação de vazio no coração e um sentimento de culpa, uma sensação de estar fazendo algo impróprio.

Essa é a razão pela qual um filho *playboy* com frequência acaba destruindo a riqueza e a posição de sua família. Ele herda uma grande quantia de dinheiro dos pais ou assume o negócio de um de seus parentes, mas sua vida é vazia, pois ele não tem motivação para o trabalho. Então, tentará compensar sua incapacidade de trabalhar passando a desperdiçar o dinheiro como se fosse água, até acabar indo à falência. É comum isso acontecer.

A principal característica compartilhada por pessoas assim é o sentimento de culpa por serem remuneradas, apesar de não entregarem a vida ao trabalho, e a consequente tentativa de enganar a si mesmas. Tentam ludibriar a própria razão entorpecendo os sentidos e tendem a fazer coisas extravagantes.

Quando olhamos para o mundo, constatamos que, daquelas pessoas que dedicaram a vida ao trabalho, poucas fracassaram. Há algumas, como Jesus Cristo, que apesar de terem devotado a vida ao trabalho foram incapazes de alcançar uma posição de destaque ou ter algum sucesso financeiro, mas também foram recompensadas no final. Jesus é considerado senhor e pai da humanidade e tem sido venerado há 2 mil anos; isso por si já representa uma extraordinária recompensa por seu esforço.

Em resumo, gostaria que você considerasse que um trabalho ao qual alguém dedica sua vida nunca fica sem recompensa. Isso é um fato. E quando essa recompensa chega, ela enche a alma de alegria.

3
Três Maneiras de Dedicar Sua Vida ao Trabalho

Primeiro Método – Compreenda Sua Vocação Divina

Nesta seção, desejo explicar o que significa exatamente dedicar sua vida ao trabalho.

Primeiro, gostaria de destacar que existe um pré-requisito a ser cumprido para que isso ocorra: você deve ser capaz de compreender sua vocação divina. É muito difícil tentar dedicar sua vida ao trabalho se você não sabe qual é sua vocação divina. Por exemplo, não importa o quanto uma pessoa possa ter uma boa constituição física: se seu único interesse for estudar, ela nunca se dedicará totalmente a ser um jogador de futebol, nem subirá num ringue como lutador profissional. Isso porque sua alma encontra a razão de viver em uma vida de estudo e aprendizagem.

Portanto, mesmo que essa pessoa seja muito bem dotada fisicamente, será muito difícil para ela dedicar a vida ao sumô, à luta livre ou ao futebol se ela sente que sua vocação divina está voltada para outra direção. É muito importante que você seja capaz de descobrir sua vocação divina no trabalho.

No mundo atual, muitas pessoas trabalham em escritório, e tenho certeza de que várias delas acham difícil descobrir sua vocação divina na função que desempenham. No entanto, recentemente tem ficado mais fácil mudar de emprego e, portanto, gostaria que elas se concentrassem em descobrir sua vocação divina. Quando puderem dizer: "Essa é a minha vocação divina, essa é a minha verdadeira vocação", serão capazes de encontrar um trabalho ao qual possam dedicar sua vida inteira.

É fundamental encontrar seu lugar na vida. Ao conseguir isso, é como se metade da sua missão tivesse sido cumprida. Não interessa o quanto uma pessoa seja talentosa, se ela escolhe um trabalho que vai contra sua vocação divina, nunca será capaz de alcançar um sucesso verdadeiro. Um artista muito talentoso não irá se sair bem se for colocado para trabalhar num escritório, da mesma forma que alguém com inclinação para a ciência não obterá sucesso como poeta, pois cada um tem um lugar onde consegue se encaixar bem. O importante é observar com atenção e descobrir qual é o trabalho mais adequado para você.

Segundo Método – Tenha Entusiasmo

Para ser capaz de dedicar sua vida ao trabalho, a coisa mais relevante é, sem dúvida, o entusiasmo.

Existem muitos indivíduos neste mundo que são considerados bem inteligentes, mas, quando examinamos seu trabalho, vemos que os resultados não são nada excepcionais. Com frequência, ficamos nos perguntado por que uma pessoa que se mostra tão inteligente não realiza trabalhos condizentes, não recebe um bom salário e nem consegue uma boa posição dentro da empresa. Essa situação me deixou particularmente intrigado, e decidi examinar esses casos com atenção para descobrir os motivos.

Como resultado, cheguei à conclusão de que pessoas assim eram carentes de entusiasmo. Se você não tem suficiente entusiasmo pelo que faz, o caminho do sucesso lhe será barrado para sempre. Somente com empenho e entusiasmo você será capaz de aprimorar seu trabalho.

Ao fazer cerâmica, não importa o quanto o ceramista é famoso, a argila é boa, o verniz é puro e o design tem alta qualidade: se o fogo no forno não for quente o suficiente, os resultados serão ruins. É impossível produzir boa cerâmica sem um fogo forte. O fogo necessário para produzir uma boa cor e textura e criar lindos vasos é o entusiasmo. Sem ele, não importa o quanto os materiais sejam bons, ou o design seja excepcional: será impossível criar um objeto realmente de alto nível.

A razão pela qual Jesus Cristo foi capaz de conquistar tudo o que conquistou é que Ele possuía entusiasmo. O mesmo vale para Sócrates: ele pode ter sido uma pessoa excepcionalmente inteligente, mas a única razão pela qual seu nome continua conhecido até hoje é que ele era entusiasmado pelo seu trabalho. Confúcio foi bem-sucedido em sua grande obra, viajando pelo país e pregando sua filosofia, porque era movido pela paixão. Shakyamuni foi capaz de fazer tudo o que fez porque possuía entusiasmo pela Sua missão. No passado, costumava-se dizer que uma pessoa inteligente era "como Shakyamuni", mas é preciso mais do que mera inteligência para levar adiante uma tarefa do porte da que Ele realizou.

Não importa o quanto uma coisa possa ser esplêndida, ela não servirá para nada se continuar escondida. Você deve se certificar de que o seu talento não ficará escondido. Precisa se aprimorar, e o que torna isso possível é o entusiasmo. Um trabalho exige força física e inteligência, mas, acima de tudo, requer entusiasmo.

Um trabalho que desperte entusiasmo em você com certeza poderá levá-lo ao sucesso. Sem ele você nunca será capaz de alcançar a excelência. Quando digo isso, não me refiro apenas a empregos assalariados. Se voltarmos os olhos para o lar, veremos que isso vale também para o serviço doméstico. Se uma dona de casa apoia o marido, conduzindo suas tarefas com zelo, então o marido terá condições de exercer todo seu potencial no trabalho.

Por outro lado, se a dona de casa não tiver entusiasmo por seus afazeres diários, os membros da família irão se relacionar de maneira apática e a desarmonia se instalará; então, o mais provável é que o marido seja incapaz de alcançar a excelência em seu trabalho. Se a armadura dele começa a ficar com partes soltas, se sua espada ficar enferrujada, como poderemos esperar que lute bem? Tudo deve ser verificado e estar em condições ideais, e isso deve ser feito antes que ele parta para a batalha.

Assim, podemos deduzir que o entusiasmo é a joia que supera todas as outras. Espero que você não se esqueça disso.

Terceiro Método – Preserve a Gratidão em Seu Coração

A terceira condição que deve ser atendida por aqueles que se dispõem a dedicar a vida ao trabalho é acreditar que existem certas forças neste mundo que são invisíveis aos olhos do homem comum. Quando afirmo isso, as pessoas modernas tendem a fazer pouco caso, dizendo que estou sendo antiquado ou supersticioso, mas é a pura verdade.

Existem milhões de empresas no mundo – só no meu país, o Japão, deve haver entre 1 e 2 milhões. No entanto, a maioria delas está endividada ou, então, a diferença entre o que ganham e o que gastam é tão pequena que elas mal conseguem pagar os salários dos funcionários. Mesmo assim, algumas se destacam das demais. Elas seguirão em frente e se tornarão grandes corporações, tendo sua marca conhecida no mundo inteiro.

O que torna uma empresa assim diferente? Claro, todo o seu quadro de funcionários trabalha com competência e dedicação, mas acima de tudo não há como não sentir que ela se beneficiou da intervenção da boa sorte. Não importa se essa sorte agiu sobre um único indivíduo ou sobre a empresa como um todo; nesse tipo de situação, grande parte do sucesso da companhia será decorrente da intervenção da sorte.

Vamos pensar agora no que devemos fazer para que essa boa sorte, essa força invisível, atue de modo efetivo. Quando você dedica a vida ao seu trabalho, é importante que acredite na sua sorte, que compreenda que está sendo protegido por Buda/Deus ou que Ele está observando seu trabalho e está satisfeito com os resultados. Se você acha que tem problemas com a palavra "Buda" ou "Deus", pode dizer a si mesmo que são seus ancestrais (ou, no caso de uma corporação, os presidentes anteriores) que estão olhando por você e estão satisfeitos com seus resultados. Isso é muito importante.

Por exemplo, quando uma companhia passa a enfrentar problemas depois de quatro ou cinco gerações de sua fundação, em muitos casos a razão é que os espíritos das primeiras três gerações, que lançaram as bases do sucesso, sentem que seus esforços não estão sendo reconhecidos. Quando as pessoas começam a esquecer suas origens e deixam de expressar sua gratidão por aqueles que criaram as bases de sua prosperidade, então a companhia muitas vezes vê sua sorte declinar. Ao mesmo tempo, o presidente da companhia também vê sua boa sorte acabar.

Portanto, a fim de dedicar sua vida a uma carreira, você deve se certificar de que é o tipo de pessoa capaz de receber orientação de Buda/Deus ou de outros espíritos elevados. Se acredita estar fazendo um trabalho que irá deixá-los satisfeitos, será capaz de dedicar sua vida a Ele, e ao mesmo tempo sua sorte irá melhorar e uma trilha de sucesso se abrirá à sua frente. Em outras palavras, isso poderia ser descrito como uma fé religiosa, mas, se você possui algum tipo de resistência em relação a essa expressão, pode se referir a isso como uma expressão de gratidão. Tudo decorre da capacidade de expressar reconhecimento, de demonstrar gratidão por algo sublime.

Sem o sentimento de servir ao Grandioso, sem o espírito de devoção ao Grandioso, fica muito difícil entregar a vida ao trabalho. Essa é uma premissa básica que você nunca deve esquecer.

E, sem o espírito de servir ao Grandioso, será muito improvável que venha a alcançar o verdadeiro sucesso algum dia. Indivíduos que são inteligentes, mas incapazes de alcançar o sucesso, comportam-se todos como comentaristas profissionais: conseguem fazer comentários sobre os outros, mas não alimentam gratidão em seu coração e falta-lhes paixão pelo que fazem. O sentimento de gratidão em relação ao Grandioso é a força geradora do entusiasmo. Na minha maneira de ver, as pessoas que ridicularizam os que trabalham com gratidão ao Grandioso são seres verdadeiramente infelizes. O importante é fazer um esforço, dedicar-se e progredir sem se preocupar com o desprezo dos outros.

O que acabei de dizer resume meus pensamentos sobre a verdadeira essência do trabalho. Você deve dedicar sua vida e sua alma ao seu trabalho. Deve se entregar de corpo e espírito e avançar com entusiasmo acreditando, sob a graça superior, que esta é sua vocação divina. Isso é muito importante e todos devem sempre levar a sério.

Capítulo 2

Como Desempenhar Seu Trabalho

1
Primeiro, Entenda o Conceito Central

Neste capítulo, gostaria de discutir a metodologia do trabalho. No primeiro capítulo, afirmei que o trabalho era uma coisa muito importante, à qual valia a pena dedicar a vida. Mas como executar o trabalho ao qual dedicaremos nossa vida? E será que existe uma metodologia para executá-lo? Essas são questões muito importantes.

Claro, o trabalho assume diferentes formas, e devemos aceitar que é muito difícil produzir uma única metodologia capaz de cobrir todas elas. No entanto, acho seguro supor que a maioria dos indivíduos que leem este livro sejam funcionários de escritório e, portanto, gostaria de abordar temas que afetam homens de negócios e, com isso, apresentar formas de pensar que possam ser facilmente aplicadas a outros setores.

Vou começar expondo uma metodologia que é essencial a homens de negócios ou funcionários de escritório que queiram desempenhar suas funções de modo adequado.

Primeiro, você deve compreender rapidamente o conceito geral do seu trabalho. Há pessoas que fazem isso com muita facilidade e outras para as quais isso exige um grande esforço. Algumas podem levar apenas um dia, enquanto outras passam até seis meses trabalhando sem entender bem o que estão fazendo. Existe uma diferença enorme, mas é difícil usá-la como medida de capacidade; então, prefiro dizer que ela representa apenas uma diferença de personalidade. Não se pode saber quem vai sair ganhando mais a longo prazo. Contudo, uma vez que o estilo competitivo da sociedade americana também está presente no Japão, é cada vez mais importante ser capaz de obter uma visão geral do seu trabalho no menor tempo possível.

O conceito central de trabalho deve ser apreendido sob três visões: macro, média e micro. Começando pela visão macro, você deve tentar entender quais são os objetivos gerais da sua companhia. Precisa ter uma ideia clara de qual é a missão da sua companhia.

Cada profissão tem sua maneira particular de ver as coisas. Corretores de imóveis pensam como corretores de imóveis, instituições financeiras pensam como instituições financeiras, empresas comerciais como empresas comerciais, fábricas como fábricas. Cada setor tem sua concepção sobre o que deveria estar fazendo, e é importante que você seja capaz de compreender isso logo de início.

Há negócios baseados em promoção de vendas, fábricas que produzem bens, transações financeiras que não lidam com nenhum produto concreto. São negócios diferentes e cada um tem seu conceito, em torno do qual organiza suas operações. Esse é um ponto que eu quero que você tenha bem claro desde o início. Com a crescente mobilidade social no futuro, uma compreensão disso irá colocá-lo em posição de vantagem. Bem, essa é a visão macro.

A visão média implica compreender os objetivos do setor em que você trabalha dentro da companhia. Você precisa saber onde ele fica dentro da estrutura corporativa e qual é exatamente o papel que desempenha.

A visão micro exige uma compreensão de qual é seu trabalho pessoal dentro da seção e como você o encara. Esse é um aspecto que você precisa ter muito claro. E é particularmente importante quando você chega para assumir as funções de outra pessoa. Você precisa ser capaz de compreender a extensão do seu trabalho e conhecê-lo em todos os detalhes.

No entanto, na maioria das vezes as pessoas não tentam compreender esses três conceitos antes de começar a trabalhar; em vez disso, simplesmente são informadas do que devem fazer pela pessoa que ocupava antes aquela função e, então, seguem adiante e vão aprendendo mais sobre a empresa à medida que o tempo passa. Isso funciona até certo ponto, mas, olhando para a sociedade do futuro e para as práticas de negócios que serão introduzidas, podemos afirmar com certeza que os indivíduos que são capazes de obter uma compreensão do trabalho por meio dos três conceitos de visão macro, média e micro, serão vistos como trabalhadores de nível superior.

Na nova sociedade, que será baseada na mobilidade de emprego, as pessoas que forem capazes apenas de produzir resultados por meio do conceito de visão micro, ou seja, com vistas apenas ao seu trabalho particular, irão descobrir que os métodos variam muito entre as diferentes companhias e, se não tiverem cuidado, é bem provável que cometam algum erro fatal. Assim, é essencial que elas obtenham uma compreensão clara desses três conceitos de visão macro, média e micro o mais rápido possível.

Em outras palavras, quando você começa a trabalhar pela primeira vez ou muda para outro emprego, deve se perguntar quais são as políticas gerais da empresa, quais são suas características e que forma assumem suas atividades. Em seguida, deve considerar com que tipo de trabalho sua seção lida e, por fim, descobrir o que se espera de você pessoalmente. As pessoas que são capazes de compreender logo essa estrutura geral têm maior facilidade para se adaptar à nova sociedade de maior mobilidade.

Aqueles que não derem importância a esse aspecto e encararem a si mesmos como uma simples peça da engrenagem geral acabarão sendo deixados para trás, incapazes de se tornar um membro útil e funcional da equipe.

2
Estabeleça uma Hierarquia de Importância de Suas Tarefas

A segunda metodologia de trabalho que gostaria de apresentar é a que estabelece uma hierarquia de importância para as diversas tarefas que lhe são atribuídas. Se você examinar os detalhes dos seus afazeres no período de um dia, uma semana ou um mês, com certeza verá que precisa desempenhar algo entre cem e duzentas tarefas diferentes. Se dividir suas atividades em termos de operações ou tarefas, tenho certeza de que descobrirá que faz mais de cem coisas diferentes.

É assim com o homem de negócios comum. Se você elaborar uma lista de todas as suas atividades, por exemplo, quando tiver de transmitir isso a alguém que veio tomar seu lugar na empresa, descobrirá que faz mais de cem tarefas diferentes, mas lida com todas elas de maneira quase inconsciente, quase sem pensar.

Portanto, ao começar em um novo emprego, você precisa elaborar uma lista de todas as suas funções. Não atue sem objetivos definidos: inclua tudo o que terá de fazer e organize essas diferentes tarefas por ordem de importância.

Você precisa descobrir qual é a tarefa que não pode negligenciar em hipótese alguma, depois definir a que vem em seguida, e assim por diante, até ter estabelecido uma hierarquia para suas obrigações.

Por exemplo, se você tem cem coisas a fazer, vai descobrir que apenas duas ou três delas são realmente vitais. Se passar para o nível seguinte de importância, verá que existem talvez umas dez ou vinte apenas. As demais oitenta tarefas são acessórias, e precisam ser feitas a fim de conseguir realizar as principais.

Uma das características comuns das pessoas que são incapazes de fazer seu trabalho de maneira adequada é que elas não conseguem dar conta dessas tarefas acessórias ou secundárias, e o resultado disso é que não têm mais certeza de quais são as tarefas principais. Por exemplo, há pessoas que estão incumbidas de elaborar tabelas com números, mas não sabem muito bem para que elas servem, e acabam gastando o dia inteiro operando uma calculadora e tentando ver que números devem ir em que linhas horizontais e colunas verticais. Pessoas nessa condição são incapazes de avançar, pois falta-lhes uma maior capacidade de discernimento. Elas parecem acreditar que seu trabalho consiste apenas em usar uma calculadora para fazer tabelas.

Alguém que seja um pouco mais capacitado não ficará tão concentrado apenas em usar sua calculadora e tentará compreender a importância e a finalidade da tabela. Pessoas que estiverem mais avançadas ainda irão se perguntar se é realmente necessário criar essas tabelas. Se concluírem que não são necessárias, tentarão descobrir outro recurso que possa substituir as tabelas ou até mesmo se o processo todo é uma completa perda de tempo. Agindo desse modo, essas pessoas conseguem examinar a tarefa de um ponto de vista mais abrangente.

Quem não for capaz de enxergar isso ficará apenas desperdiçando tempo teclando a calculadora. Estas pessoas têm a tendência de não enxergar valores superiores e de ficar presas às coisas acessórias.

Se por acaso você se encontrar nessa situação, pergunte a si mesmo qual parte do seu trabalho é a mais importante e se todo o resto não é apenas mero complemento. Considere em que medida essas tarefas complementares são produtivas, se são algo que você mesmo deve executar, se são adequadas a você ou se poderia delegá-las a outra pessoa. É preciso examinar as tarefas em relação ao contexto da sua tarefa principal e perguntar se de fato é necessário cumpri-las.

Ao considerarmos as coisas desse modo, fica evidente que muitas das tarefas que existem no mundo são na verdade desnecessárias. As pessoas tendem a começar por esse tipo de trabalho acessório e só depois passar à tarefa principal. Porém, ao agir assim acabam criando uma montanha de trabalho desnecessário. É sempre melhor começar pela tarefa central.

A primeira coisa é fazer uma lista de tudo o que seu trabalho envolve e, em seguida, classificar as diversas tarefas em "A", "B" ou "C", de acordo com sua importância. Depois, pergunte a si mesmo se é realmente necessário você concluir todos os itens "B" da lista a fim de cumprir aqueles da lista "A". Então, verifique se aqueles da lista "C" também são realmente necessários. Feito isso, será capaz de se livrar de todas as tarefas supérfluas.

Outra coisa que você pode fazer é examinar todas as suas atividades do ponto de vista da produtividade. Se a expectativa é que você desempenhe tarefas de alto nível ou de nível gerencial, então tente limitar a quantidade de tempo que gasta em outros trabalhos. Procure dedicar-se à tarefa para a qual foi contratado. Ao pensar assim, você terá condições de conceber formas de aumentar sua produtividade.

Esse modo de pensar também pode ser aplicado para decidir o grau de prioridade das suas tarefas do dia. Naqueles dias em que você está sobrecarregado demais e com muita coisa para fazer dentro do tempo disponível, é importante dar prioridade aos trabalhos essenciais, em detrimento do resto.

Quando aparecem duas ou três coisas para fazer num mesmo dia, uma reação comum é o pânico. No entanto, nessas horas você deve perguntar a si mesmo se determinada tarefa precisa ser feita imediatamente, se pode ser adiada por uma ou duas horas, se daria para fazê-la apenas no final do expediente ou se poderia ser deixada para outro dia. Assim, você coordena as tarefas por ordem de prioridade. É importante ser capaz de dizer qual tarefa deve ser feita agora e qual pode ser deixada para mais tarde. As pessoas que não conseguem estabelecer prioridades acabam criando fama de não serem capazes de fazer bem seu trabalho. Executam primeiro o trabalho que não é tão urgente e deixam para mais tarde as coisas que deveriam ser feitas na hora. Ou seja, ficam adiando as tarefas mais importantes.

Toda corporação tem uma hierarquia e, se você parar um minuto para pensar no que seus superiores esperam de você, é óbvio que eles vão querer que você lhes passe as coisas mais importantes assim que as tiver concluído. Se, em vez disso, você se concentra nos itens menores, a eficiência fica comprometida.

Em suma, como segundo método para melhorar sua eficiência, gostaria que você aprendesse a hierarquizar seu trabalho por ordem de importância. Mesmo que não consiga dominar mais nada, se conseguir fazer isso ganhará fama de ser um funcionário eficaz.

3
Estabeleça e Aprimore Seus Relacionamentos Pessoais

A terceira metodologia importante é estabelecer e aprimorar suas relações pessoais. Nesse sentido, deve-se dar valor tanto à criação inicial do relacionamento quanto ao seu aprimoramento. Digo isso porque, como premissa básica, ninguém trabalha totalmente sozinho. É impossível que uma única pessoa dentro de uma companhia trabalhe de modo absolutamente independente das demais.

Os relacionamentos no trabalho ocorrem sempre dentro de uma hierarquia relativa, e você deve sempre pensar em si mesmo como alguém que está no cruzamento de relações verticais e horizontais.

As pessoas com as quais você entra em contato podem ser classificadas segundo os quadrantes que aparecem no gráfico a seguir. A parte acima de você (Quadrante Um, Quadrante Dois) representa as pessoas que estão num nível superior ao seu; as pessoas na parte de baixo (Quadrante Três e Quadrante Quatro) são seus subordinados ou pessoas mais jovens que você; e aqueles na linha lateral estão na mesma posição que você.

A fim de ascender, você precisa seguir a linha que aponta para cima; as pessoas que vêm atrás de você estão na seção abaixo do ponto central. Assim, o importante para você no seu trabalho futuro é categorizar as pessoas que trabalham na sua companhia.

A linha que passa pelo centro, da esquerda para a direita, é o eixo da competência ou excelência. Ou seja, supondo que você esteja no centro do eixo, então as pessoas que você considera mais competentes estarão à direita (Quadrantes Um e Quatro), enquanto as que considera não tão boas

Relacionamento

Relacionamento vertical
– título e posição

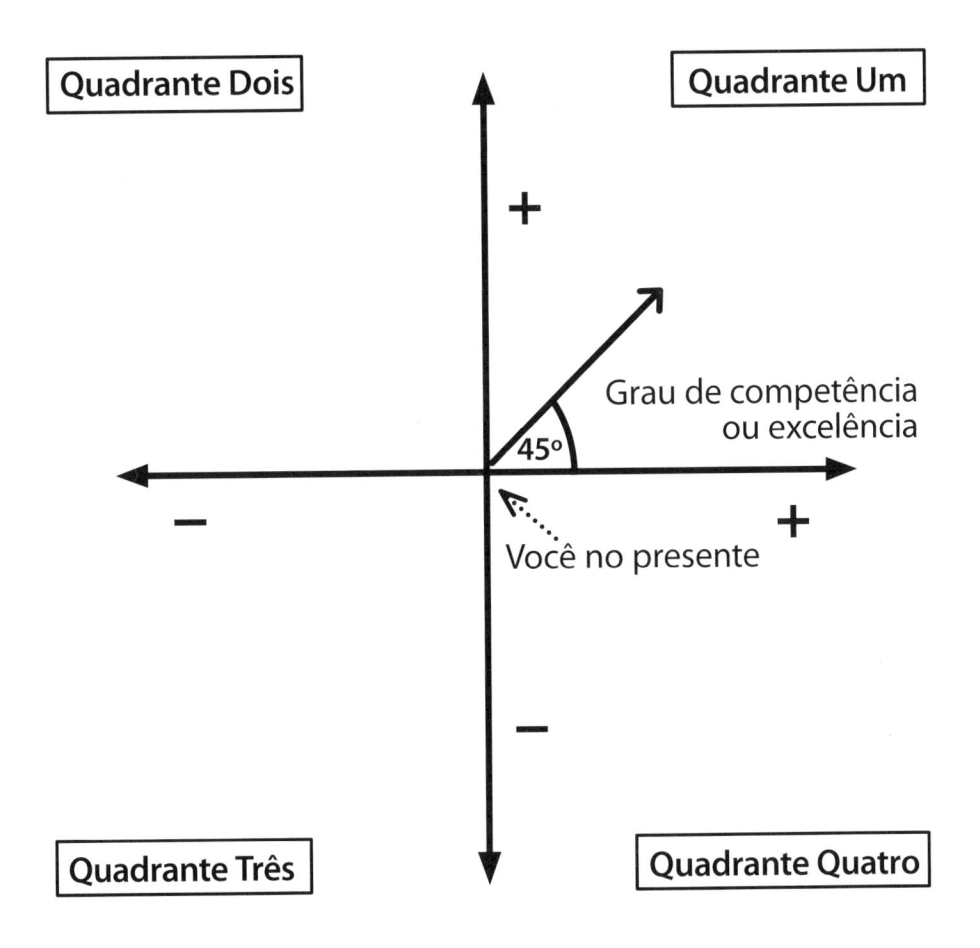

Quadrante Dois		Quadrante Um

Grau de competência ou excelência

45°

Você no presente

Quadrante Três		Quadrante Quatro

quanto você no seu trabalho estarão à esquerda (Quadrantes Dois e Três).

Portanto, as pessoas no Quadrante Um (acima, à direita) são mais competentes e mais velhas que você, e as que estão no Quadrante Dois (acima, à esquerda) são superiores a você, mas menos capazes, portanto você deve conseguir superá-las na época em que chegar à idade delas.

As pessoas no Quadrante Três (embaixo, à esquerda) são mais jovens que você e não tão competentes no seu trabalho, enquanto as do Quadrante Quatro (embaixo, à direita) são mais novas que você, mas talvez melhores que você no seu trabalho.

Estou certo de que, ao usar essa técnica, você será capaz de classificar todas as pessoas da sua empresa, colocando a si mesmo no centro e estabelecendo seus relacionamentos de acordo.

De todas as pessoas de sua companhia, as que ocupam o Quadrante Um são as que irão afetar mais seu progresso em ascender na hierarquia. Por isso, gostaria que você parasse e pensasse quais são aquelas com quem você trabalha que sente que são superiores a você, tanto em hierarquia quanto em competência, e depois escreva seus nomes no Quadrante Um. Essas são as pessoas que detêm a chave do seu sucesso; você deve tentar ser mais como elas e conquistar seu apoio quando estiver pronto para uma promoção, pois essa é a maneira de progredir.

Agora, gostaria que você preenchesse os nomes das pessoas que, na sua opinião, pertencem ao Quadrante Dois, isto é, aquelas que não são tão capazes quanto você mas que estão em posição superior. Elas ocupam uma posição de poder, mas, como não são tão competentes quanto você, ficarão preocupadas com sua competência; assim, você precisa encontrar um modo eficiente de lidar com elas, tendo o cuidado de nunca lhes dar motivo de agirem contra você, e ao mesmo tempo mantendo certa distância.

Nunca ache que psicologicamente você já conseguiu superá-las, nunca exerça pressão sobre elas nem se convença de que não são boas no que fazem. Se o seu chefe de seção, gerente ou executivo está nessa categoria, tenha para com ele o devido respeito pela sua posição hierárquica.

Você deve manter distância dessas pessoas, e nunca se comportar como se estivessem no mesmo nível que você, nem se permitir assumir algum tipo de ascendência sobre elas. Faça tudo o que puder para facilitar-lhes o trabalho e mantenha também boas condições para levar adiante o seu trabalho. Invejar ou falar mal das pessoas do Quadrante Dois pode levar a uma desonrosa transferência ou rebaixamento de cargo; por isso, tenha muito cuidado ao lidar com elas.

A seguir, temos as pessoas do Quadrante Três, ou seja, as que são mais jovens e não tão capazes quanto você no trabalho. Quando estiver com elas, aja como se fosse o líder e elas seus seguidores; é um relacionamento similar ao que existe entre um político e o povo. Essas pessoas já devem estar cientes da sua competência e do fato de que você talvez avance mais rápido que elas, por isso o que querem saber é como você irá recompensá-las se confiarem em você e lhe derem apoio. Essa é a principal preocupação delas. Estão interessadas apenas em saber se o futuro delas será promissor caso decidam apoiá-lo.

Assim, trate-as como um político faria com os membros de seu eleitorado. Seja sempre sincero com elas e envolva-as com seu amor. Comporte-se como um pássaro que protege seus ovos sob as asas para mantê-los aquecidos e demonstre sua liderança, acolhendo-as de forma amorosa.

Essas não são pessoas com as quais você terá de competir. Elas não irão superá-lo, você já conhece sua força e a delas e vice-versa; então, o importante é não deixar que se enfraqueçam ou saiam da equipe principal, pois isso será prejudicial à sua própria carreira. São essas as pessoas sobre as quais a companhia está assentada e você deve fazer com que se sintam felizes no trabalho delas. Não faz sentido criticá-las por sua incapacidade de se tornarem oficiais. Os oficiais precisam apoiar os soldados em diversos aspectos para que estes possam se empenhar ativamente em suas funções, pois os oficiais só conseguem realizar seus trabalhos graças aos soldados.

É muito difícil lidar bem com as pessoas classificadas no Quadrante Quatro, isto é, que são mais novas que você, porém mais bem dotadas. São aquelas que irão superá-lo dentro de alguns anos. Com certeza deve haver pessoas ao seu redor que se encaixam nessa categoria. Sua própria capacidade será testada pela maneira como você interage com elas.

Um executivo bem-sucedido precisa reunir pessoas talentosas sob seu comando. Se só conseguir reunir trabalhadores medíocres, nunca irá em frente. A maneira pela qual uma pessoa é capaz de extrair o melhor de uma equipe talentosa sob seu comando determina se ela se tornará um grande general ou não.

O importante aqui é não invejar o talento dos outros, mas elogiá-los e ajudá-los a se desenvolver, pois com isso você cria um vínculo de confiança. Pessoas talentosas têm vontade de trabalhar com alguém que reconheça seu talento, e se sentem dispostas a morrer por alguém que lhes dê o merecido reconhecimento; por isso, você deve elogiá-las e ajudá-las a se desenvolver. Se fizer isso, elas reagirão contribuindo com um esforço especial no sentido de ajudá-lo a obter uma promoção. Tentarão retribuir sua bondade exercitando seus talentos ao máximo. Compreenda que nunca alcançará o verdadeiro sucesso sem que os demais o ajudem dessa forma.

Dentro de uma grande corporação, não faz sentido tentar travar uma batalha sozinho, pois você nunca conseguirá obter uma promoção assim. É importante saber comandar as pessoas talentosas dessa forma.

Depois disso, você deve abrigar essas pessoas sob suas asas e confiar na sorte para ver até onde elas poderão se desenvolver. Não se preocupe com o que poderá acontecer depois que elas se tornarem superiores a você — se isso acontecer, que aconteça —, faça apenas como o destino determinar. No entanto, enquanto você for o superior delas, esforce-se ao máximo e com minuciosa atenção para que empreguem todo o seu potencial, de uma ponta à outra.

Se fizer um esforço nesse sentido, descobrirá que sua posição irá mudar e que você começará a progredir em linha reta e a 45 graus, a partir do centro em direção ao Quadrante Um. Você continuará nessa trajetória até alcançar o ponto mais alto à direita do gráfico. Este é um método de obter excelência em seu trabalho.

Em resumo, é importante que você melhore seus relacionamentos pessoais para garantir que o trabalho corra bem. Para isso, é fundamental que você organize suas emoções. Classifique as diversas pessoas nos quatro quadrantes do gráfico e, uma vez feito isso, defina de que modo interagir com elas adequadamente. Assim, com certeza encontrará um bom caminho. Você não deve se comportar com todos do mesmo modo; use os Quatro Quadrantes para estabelecer relacionamentos adequados com todos em seu ambiente de trabalho.

Descrevi os três métodos gerais para obter sucesso em sua carreira. Considere que é muito importante para você e seu trabalho ser capaz de pensar de maneira estratégica. Estabeleça uma meta e em seguida planeje como alcançá-la, de forma estratégica e sistemática, definindo que tipo de ideias isso irá exigir. Se você pensar desse modo, tenho certeza de que verá sua carreira se desenvolver rapidamente.

Capítulo 3

Pré-Requisitos para o Sucesso

1
O Que É o Sucesso?

Neste capítulo, gostaria de falar sobre os pré-requisitos para o sucesso. Claro, toda pessoa que trabalha espera conseguir algo que lhe traga o respeito dos outros, e assim alcançar uma boa posição na sociedade. É a isso que nos referimos quando falamos em sucesso. É muito fácil medir o sucesso dentro de um escritório, mas podemos dizer que empreendedores ou empresários também obtêm sucesso quando o negócio que criaram se desenvolve e se torna algo grande. Do mesmo modo se diz que um escritor ou romancista foi bem-sucedido quando seu prestígio, reconhecimento e fama mudam radicalmente com a publicação de um livro. Conseguir isso equivale a um auxiliar de escritório se tornar um executivo em sua empresa.

Há outras maneiras pelas quais você pode alcançar algum tipo de sucesso. Por exemplo, a Câmara de Vereadores de sua cidade pode lhe outorgar um cargo honorário em algum campo bem diferente de sua carreira, ou você pode ter alguma atuação em outras áreas. No meio acadêmico, é possível alcançar sucesso aumentando suas qualificações até obter um doutorado. Até mesmo formar-se por uma universidade que todos tenham em alta consideração pode ser visto como uma forma de sucesso.

Seja qual for o caminho que você escolher, lembre-se de que no Japão todos têm garantia de igualdade de acordo com a Constituição. Trata-se da igualdade de possibilidades. Não importa em que família você nasceu, se é rico ou pobre ou qual é o trabalho de seus pais: você é livre para escolher em que escola quer estudar, que carreira gostaria de seguir e de que maneira deseja viver sua vida.

Essa liberdade está associada à livre competição entre os indivíduos, e por fim se materializa como sucesso. A rivalidade amistosa desempenha um papel relevante nessa estrada para o sucesso; algumas pessoas podem se sair muito bem enquanto outras não alcançam o mesmo nível, mas em geral o reconhecimento pela sociedade faz parte do que é considerado sucesso. E, neste capítulo, esse reconhecimento é uma das premissas.

Entretanto, existe ainda o sucesso sob a ótica da satisfação interior do ser humano, como no caso de uma pessoa que talvez não alcance uma posição muito elevada na sociedade, mas ainda assim encerra a vida terrena com muita riqueza em seu coração e conquistando uma significativa evolução espiritual.

Do ponto de vista espiritual, esta, sem dúvida, também constitui uma forma de sucesso, mas esse é um tema que abordei diversas vezes em outros livros, e neste capítulo gostaria de me concentrar no sucesso reconhecido pela sociedade.

2
Primeiro Pré-Requisito: Ter Prazer no Trabalho

Gostaria agora de ir direto ao ponto e examinar de modo objetivo os pré-requisitos para o sucesso. O primeiro é, sem dúvida, trabalhar com afinco. Pessoas que gostam de ler livros como este podem achar isso um pouco estranho, mas, quer elas tenham compreendido esse aspecto ou não, a primeira condição para obter sucesso é gostar do trabalho e se dedicar a ele aproveitando ao máximo a própria capacidade.

Mesmo que você consiga contar com uma boa dose de sorte, isso só poderá trazer um sucesso temporário, que não durará muito. A razão é que tal sucesso não terá sido fruto de uma capacidade real. Vamos supor que um aluno entrou sem ser visto na sala dos professores antes da prova final e conseguiu dar uma olhada nos testes. Conhecer de antemão as questões pode ajudá-lo a passar no exame, mas não será benéfico no longo prazo. O teste pode conter uma questão que ele já tenha visto antes, permitindo-lhe conseguir uma boa nota, mas isso não irá ajudá-lo quando se tratar de prestar vestibular para a universidade. O mesmo tipo de situação pode ocorrer no nosso dia a dia.

A vida no mundo dos negócios é uma luta de vida ou morte. Você pode treinar intensamente com espadas de bambu, mas, não importa o quanto você fique bom no tatame, não estará devidamente preparado para enfrentar seu adversário com uma espada de verdade. No local de combate, acertar um bom golpe bem definido é importante para ganhar pontos, mas, ao usar uma espada de verdade, um golpe oblíquo com a ponta da espada pode ser o suficiente para vencer. Em outras palavras, uma espada de verdade irá testar de fato sua habilidade como espadachim. Não importa o quanto você possa impressionar com uma espada de treino, isso não irá significar nada se não lhe for útil na luta com uma lâmina de verdade.

O que quero dizer é que, não importa o quanto você se mostre bom em conceber metodologias e estratégias na sua cabeça, nem quanto conhecimento conseguiu adquirir, tudo isso não significará nada a não ser a competência comprovada no mundo real. Pode-se dizer que o tipo de capacidade que faz a diferença no campo de trabalho é a que vem do verdadeiro prazer de trabalhar. Ao mesmo tempo, as pessoas que trabalham duro possuem uma capacidade real. Essa é uma grande verdade que eu gostaria que todos reconhecessem e levassem muito a sério.

Vamos examinar, por exemplo, o trabalho de um artista. Você tem alguma ideia do número de telas que um pintor precisa pintar antes de ser capaz de criar uma verdadeira obra-prima? Ele preencherá milhares, talvez dezenas de milhares de telas, até criar uma que contenha a centelha do gênio. Sua obra-prima pode ser a 10.000ª que ele pintou, mas isso não quer dizer que as outras 9.999 tenham sido um total desperdício. O esforço que ele colocou em criar 10 mil quadros se converteu em sua capacidade, e a obra-prima que ele finalmente produziu é a recompensa por todo o esforço que despendeu até então.

A primeira condição do sucesso é sentir que o trabalho é prazeroso, que é uma coisa à qual você se dispõe a dedicar a vida. A recompensa pelo trabalho é o próprio trabalho. As pessoas que alcançaram o estágio em que veem no trabalho uma diversão, um prazer, passam a achá-lo tão atraente que nunca mais querem abandoná-lo. No momento em que se põem a trabalhar, seus olhos mostram um brilho que as torna diferentes das outras.

Fico imaginando se você chegou a pensar seriamente na importância da satisfação no trabalho. A sensação de que você fez um bom trabalho, seja no final do dia ou do ano, traz uma satisfação que ultrapassa todas as outras formas de prazer.

Acho que posso afirmar categoricamente que as pessoas que encontram seu prazer em diversões, no jogo ou nos esportes e não no trabalho é porque nunca experimentaram a verdadeira sensação de realização que só pode ser conseguida por meio do trabalho. É pelo fato de ainda não terem descoberto a verdadeira satisfação que ficam correndo de uma coisa para outra, atrás do prazer. São como o homem que nunca conheceu o verdadeiro amor de uma mulher e por isso não para de trocar de parceira, ou como a mulher que nunca conquistou o amor de um homem e também passa de um caso amoroso a outro.

As pessoas que são incapazes de encontrar prazer onde deveriam, que nunca estão satisfeitas, irão tentar de tudo, dedicando-se a uma variedade de coisas, mas sem nunca conhecer a verdadeira satisfação. Os seres humanos vivem 70 ou 80 anos, mas o que é que durante esse tempo todo nos traz uma real felicidade? Acho que é ser capaz de dizer: "Conquistei tal coisa no meu trabalho". Não há nada que supere essa sensação.

Mas não se trata de algo que possamos experimentar simplesmente por acaso, é algo que conseguimos obter apenas com o trabalho contínuo. Digamos que é como, por exemplo, cavar uma mina de ouro usando uma picareta: você vai ter de cavar até certa profundidade, caso contrário não será possível achar ouro. O mesmo vale para o trabalho: você tem de trabalhar por determinado número de anos e alcançar certa realização, do contrário não será capaz de conhecer essa felicidade.

Essa é a principal diferença entre pessoas que trabalham no que podemos chamar de "sua vocação" e aquelas que simplesmente fazem trabalhos temporários. O trabalho temporário pode ser sem dúvida interessante e por um tempo talvez seja até mais compensador financeiramente do que o trabalho de um assalariado, mas só isso não basta para motivar uma pessoa indefinidamente, porque as pessoas não consideram que o trabalho temporário seja uma vocação. A única coisa que um trabalho temporário pode lhe trazer é dinheiro, e penso que isso não lhe permitirá descobrir a verdadeira alegria da vida, que vai muito além do ganho financeiro.

Então, gostaria de expor o que considero a regra de ouro do sucesso. O primeiro pré-requisito é você gostar do trabalho, encontrar prazer nele. Pessoas que não gostam de trabalhar nunca conseguirão o verdadeiro sucesso, e mesmo que consigam obter uma prosperidade temporária, ela não irá durar muito tempo. Esta é a primeira condição do sucesso.

3
Segundo Pré-Requisito: Tornar-se uma Pessoa Útil

O segundo pré-requisito para o sucesso é tornar-se alguém útil ou benéfico para a sociedade ou empresa em que trabalha. Espero que tenha percebido que eu não disse que você precisa se tornar uma pessoa "competente", porque o segredo do sucesso não é a competência, mas a utilidade. Você consegue compreender a diferença?

Muitas pessoas se confundem a respeito disso. Acham que por serem competentes irão se tornar bem-sucedidas, que os outros irão reconhecer seu talento, que vão conseguir um cargo importante. Isso pode até ser verdade às vezes, mas nem sempre. Por mais que seja competente, o fator realmente importante é como exercer sua competência dentro das suas relações com os outros.

A competência é comparável ao gume da espada de um samurai, que pode ser magnificamente afiado, mas, fico pensando, será que alguém conseguiria usar uma dessas espadas para preparar uma refeição? Será que alguma mulher seria capaz de manejar uma espada de um metro de comprimento na cozinha para cortar rabanetes, tomates ou cebolas para cozinhar? Embora seja muito afiada, com certeza essa espada também é muito perigosa.

A competência também pode ser comparada a uma espada afiada – usada no lugar certo é muito útil; porém, se empregada de forma errada, pode ser perigosa. O que estou tentando dizer aqui é que, se a competência de uma pessoa pode trazer um ganho para o grupo ao qual ela pertence, então essa pessoa pode ser considerada útil e benéfica. Espero que você entenda isso.

Portanto, embora você possa ter competência, se trabalha num ambiente em que ela não possa ser aproveitada, você não só será incapaz de exercer seu talento como talvez até se torne prejudicial se tentar fazer isso. Isso é algo que você deve sempre ter em mente. É preciso saber discernir aquilo de que sua empresa precisa: uma lâmina, uma tesoura, um canivete, uma serra, um machadinha, uma espada ou um machado?

Por exemplo, um funcionário recém-admitido pode ser muito competente em recursos humanos, mas infelizmente, esse talento não poderá ser plenamente aproveitado de imediato. Por ser novo na empresa, poderá ser mal visto se ficar fazendo avalições de chefias. As pessoas dirão: "É um absurdo! Em vez de trabalhar, ele só fica fazendo fofocas dos outros!". Ele pode até se tornar gerente do departamento de recursos humanos dali a vinte anos, mas, enquanto recém-admitido, sua habilidade nessas questões não está sendo requisitada.

Para ser bem-sucedido, é preciso exercer a competência necessária para cada fase da sua carreira profissional.

O que estou tentando dizer aqui é que as pessoas não devem se limitar a oferecer um único talento durante toda sua vida; você precisa dominar uma variedade de talentos à medida que sua carreira progride. Precisa ser como um carpinteiro, que tem uma série de ferramentas e vai mudando-as para se adequar a cada situação. Deve saber quando usar um formão e quando usar uma plaina, quando vai precisar de uma serra e quando empregar um martelo.

Ou seja, mesmo que você possua uma extensa série de habilidades, deve ser capaz de decidir quando usar o quê, e onde, pois só assim um trabalhador capaz se torna útil e benéfico à companhia que o emprega.

A fim de conseguir adequar suas ferramentas à tarefa, é preciso que você as mantenha sempre afiadas e saiba exatamente em que situação usá-las, caso contrário será incapaz de aproveitar todo o seu potencial. Você não precisa usar um prego de 10 centímetros para juntar duas peças de madeira com apenas 2 centímetros de espessura, pois o prego irá se projetar para fora no outro lado. Pregos podem ser muito úteis para juntar pedaços de madeira, mas, se você não tiver cuidado, também podem criar situações perigosas. Isso é algo que você deve ter em mente.

Tenho certeza de que muitos dos leitores deste livro vão achar difícil aceitar esse fato. Muitas pessoas consideram injusto que não consigam progredir, pois se julgam competentes e pensam que a empresa ou seu chefe não reconhece isso. O que elas parecem não compreender é que uma companhia não existe meramente para comprovar a competência das pessoas, que um profissional só tem real valor quando é capaz de produzir lucros e benefícios para muitos. Elas precisam entender que uma companhia não é como uma escola e que não cabe a ela ficar atribuindo notas pela mera excelência.

Por essa razão, quem tem talento deve se empenhar para se transformar em um profissional útil em vez de competente. Para dar outro exemplo, podemos comparar isso com o ensino superior. Um indivíduo que recebeu instrução superior confia em sua competência, tem a si mesmo em alto conceito e se acha melhor que os outros. É verdade que essa autoconfiança permite à pessoa fazer um trabalho maravilhoso; no entanto, não importa o quanto sua instrução tenha permitido adquirir competência, esta só terá valor se a pessoa estiver numa posição em que consiga utilizá-la. É aqui que ocorrem diversos equívocos.

Muitas pessoas acreditam tanto em sua competência que não se conformam com os resultados obtidos, e preferem culpar os colegas ou o ambiente de trabalho. Ou seja, colocam a culpa nos outros por não terem aproveitado o próprio potencial.

O importante aqui é mudar, passar de uma pessoa competente para uma pessoa útil. Qual é o problema de você ter ferramentas que ainda não podem ser usadas? Ao construir uma casa, você precisa primeiro ir até a montanha e cortar madeira, depois transformá-la em tábuas e vigas. Somente quando isso estiver resolvido é que a estrutura poderá ser erguida e o telhado, coberto. Não há como ignorar essas etapas preliminares.

Quero que você pare um pouco e pense seriamente. Será que você é de fato considerado uma pessoa útil em sua companhia? Tem certeza de que não está sendo pretensioso se achando competente? Este é o segundo pré-requisito do sucesso.

4
Terceiro Pré-Requisito: Aproveitar a Força dos Outros

Antes de começar a explicar o terceiro pré-requisito para o sucesso, há um aspecto que gostaria de mencionar. É que, ao progredir na carreira profissional, você ficará em uma posição de comando de várias pessoas. O número de funcionários sob seus cuidados aumentará a cada ano e você acabará tendo muitos indivíduos que dependerão de suas orientações. Quando isso ocorrer, não conseguirá cuidar sozinho de todos eles e terá de confiar nos outros naturalmente para ajudá-lo. Precisará usar outras pessoas para fazer as coisas que não é capaz de fazer sozinho.

Por exemplo, se você é chefe de seção, pode ter cinco funcionários sob o seu comando, mas, ao ser promovido a gerente de departamento, terá vários chefes de seção trabalhando sob suas ordens, o que significa que irá controlar algo em torno de vinte pessoas; e, quando se tornar diretor, estará encarregado de uma centena de pessoas.

Ou seja, você precisa pensar com antecedência e saber quantas pessoas estarão sob suas ordens e quantas você não será capaz de controlar diretamente. Em outras palavras, precisa reconhecer a diferença entre sua competência individual e sua competência exercitada na posição de comando dos demais.

Não importa o quanto uma pessoa possa ser competente individualmente; se ela se mostra incapaz de ser bem-sucedida no resultado final, na maioria dos casos é porque não sabe usar bem os outros. Um vendedor que obtenha resultados impressionantes ao trabalhar sozinho muitas vezes mostra-se incapaz de sair-se bem quando tem outras pessoas sob seu comando. Isso ocorre porque a capacidade de realizar um trabalho sozinho indica apenas que a pessoa é habilidosa no seu trabalho, mas tal habilidade nada tem a ver com a habilidade de comandar os outros.

Uma pessoa pode ser ótima em fazer pequenos reparos, mas isso não significa que será capaz de construir sozinha um prédio. Ela pode fabricar um excelente abrigo para seus cães, pintar bem a casa ou consertar um telhado, mas isso não a qualifica para erguer um arranha-céu. Para levantar um grande edifício, você precisa montar uma equipe, desenhar as plantas, arranjar capital e empregar um número considerável de pessoas. Tudo isso exige capacidade de comandar pessoas.

A partir do que eu disse, fica bastante óbvio que a terceira condição do sucesso está em compreender o que você pode conseguir pela sua própria capacidade e o que pode conseguir por meio dos outros, e então usar essas duas habilidades conforme a situação exija. Além disso, com o passar do tempo, é importante aumentar gradativamente o peso para o lado da capacidade de realização utilizando o potencial dos outros.

Não importa o quanto Napoleão tenha sido um grande general; se tivesse de lutar sozinho contra uma centena de soldados, com certeza teria perdido. E, ao enfrentar dez soldados, o resultado teria sido o mesmo. Se tivesse de confiar apenas na própria força durante as batalhas, não teria conseguido vencer mais do que um ou dois oponentes, talvez três no máximo, e perderia a batalha. Mas, quando estava no comando de um exército de 10 ou 100 mil soldados, era invencível.

Aqueles que não compreendem essa diferença vão acabar constatando que é muito improvável obterem sucesso nos negócios. Se a pessoa não entende isso e insiste em confiar apenas na própria destreza ou habilidade, irá ver-se confinada a um trabalho de especialista ou de artesão. Não há nada de errado nisso, trata-se de uma tendência definida do seu espírito nessa direção, mas ela nunca será capaz de alcançar sucesso no sentido comumente aceito desse termo.

Portanto, se você realmente quer ser bem-sucedido, no início sem dúvida terá de confiar na própria capacidade de realizar o trabalho, mas, conforme o tempo passar, verá que seu poder de conquistar o coração das pessoas irá crescer e precisará pensar em como usá-las para realizar o trabalho. É isso que se conhece como competência gerencial.

A competência gerencial se baseia na capacidade de avaliar as pessoas. Você precisa ser capaz de identificar os pontos fortes e fracos delas. Também tem de saber avaliar onde uma pessoa poderá ser mais bem aproveitada, de modo que consiga desenvolver seu potencial, e onde ela não deve ser usada. Precisa saber identificar as forças e fraquezas de uma pessoa, aspectos que às vezes até ela mesma desconhece. Esta é uma capacidade essencial.

5
Como Estudar a Psicologia Humana

Se você pretende dominar a terceira condição do sucesso, é vital dedicar-se a estudar a psicologia humana. Há inúmeras maneiras de fazer isso, mas, em primeiro lugar, você precisa disciplinar a si mesmo, colocando-se no meio das pessoas a fim de obter um vislumbre da sua maneira de pensar, e com isso aprender a partir da experiência.

Em segundo lugar, precisa encontrar indivíduos que estejam em condições de lhe ensinar as coisas da vida, para aprender, com o exemplo deles, a sua certeira capacidade de discernimento, observação e intuição e de obter vislumbres úteis sobre suas maneiras de pensar. Isso irá ensiná-lo a olhar para o mundo e para os outros. O terceiro comportamento é tão óbvio que quase não precisa ser dito, mas trata-se de ler a maior quantidade possível de livros.

Existem livros de todo tipo, e com certeza você já percebeu que alguns são mais proveitosos do que outros. As biografias de grandes personalidades são muito úteis, pois explicam como elas firmaram seu nome, e podemos dizer que funcionam como uma espécie de bíblia do sucesso. Outro gênero que vale a pena ler são os livros de história. Com uma boa compreensão da história, você terá uma visão do que pode esperar do futuro.

Você deve examinar as diversas crises que ocorreram no passado, ver como os grandes homens e outras pessoas fizeram para resolvê-las e aprender com os resultados que obtiveram. Isso pode lhe dar a capacidade de prever os problemas que poderão surgir à sua volta no futuro. É como se você estudasse para o vestibular, ou seja, você estuda todos os problemas que já se sucederam no passado e pode aproveitar esse saber para prever o que irá acontecer no futuro. É muito importante dominar essa habilidade.

Portanto, primeiro você deve ler biografias, depois estudar história e, por fim, deve se concentrar na literatura, inclusive na poesia. Você precisa saber o que motiva as pessoas. Algumas são movidas por sua sensibilidade, outras pelo intelecto, outras pela razão; as pessoas se mobilizam por numerosas razões, mas, de todas elas, acredito que a mais forte é a sensibilidade.

Se você não for capaz de apelar para a sensibilidade das pessoas, dificilmente conseguirá mobilizar um grande número delas. É extremamente importante ser capaz de exercer apelo à sensibilidade das pessoas.

Você nunca deve esquecer a importância do interesse pela literatura e pela arte para aprimorar sua sensibilidade, pois precisa saber exatamente o que é que toca as pessoas.

Em quarto e último lugar, mas não menos importante, vem a religião. Talvez eu devesse ter colocado a religião em primeiro lugar na lista, já que ela afeta os indivíduos num nível ainda mais profundo do que a literatura. A leitura de livros que exponham o coração de Buda ou o coração de Deus criará um centro sólido no seu coração, que lhe dará o poder de superar todas as provas e dificuldades que venha a enfrentar ao longo da vida.

Assim, se você deseja se tornar um executivo, nunca deve poupar esforços para se familiarizar com a maneira como o coração das pessoas costuma se mostrar.

Em resumo, os três pré-requisitos básicos para o sucesso são os seguintes:

• O primeiro é que você deve sentir alegria no seu trabalho, ser capaz de gostar de trabalhar duro e da própria ideia do trabalho.

• O segundo pré-requisito é não ter em vista se tornar um trabalhador competente, e sim um trabalhador útil e benéfico à organização em que está empregado.

• O terceiro pré-requisito é analisar seu trabalho e adquirir uma boa compreensão acerca do que você pode fazer sozinho e do que está além da sua capacidade como indivíduo. Se você sente que um trabalho está além do que pode fazer sozinho, deve usar outras pessoas para levá-lo adiante. Para poder usar outras pessoas, precisará estar dotado de uma série de competências gerenciais, e, a fim de poder dominar essas competências, é vital que você estude uma ampla variedade de assuntos.

Esses aspectos se aplicam a todos os tipos de trabalho e poderiam ser descritos como sendo pré-requisitos universais para o sucesso. Espero que você grave essas três condições em seu coração e saiba usá-las como guia para seus futuros esforços e atuações.

Capítulo 4

Qual É a Verdadeira Elite?

1
Que Tipo de Elite Irá Sustentar a Nova Era?

No capítulo anterior, expus as condições gerais para alcançar o sucesso, mas agora gostaria de dar um passo adiante e analisar o que se entende pelo termo "elite" e que condições você tem de preencher para ser considerado parte desse grupo.

Diferentemente do que ocorre com o sucesso comum, as pessoas que querem se juntar à elite precisam mostrar qualidades cada vez mais elevadas. Acredito que, a não ser que a verdadeira elite alcance maior desenvolvimento e evolução da alma, ela será praticamente inútil.

Os seres humanos são essencialmente seres espirituais e, quando examinamos a história dos líderes, vemos que as pessoas que alcançaram essa condição como resultado de seu avanço espiritual são capazes de criar uma felicidade ilimitada. Já aquelas que causam incontáveis sofrimentos devido à sua ambição pelo poder são espiritualmente degeneradas, ou caíram em total desgraça e não merecem ser consideradas membros da elite.

O mundo vive hoje um período turbulento, e o verdadeiro valor de seus líderes está sendo questionado. O valor dos líderes de cada país está sendo reavaliado. Obviamente, todos eles fazem parte da elite, mas neste atual estágio da história questiona-se se eles podem ou não ser considerados membros da verdadeira elite.

O problema é que, quando o ambiente político é bom, é impossível discriminar entre a verdadeira e a falsa ou pseudo-elite. Parece não haver muita diferença entre elas quando tudo está indo bem, pois quando uma elite ostenta um poder esmagador, é capaz de liderar do modo que julga adequado e mover seus peões do jeito que quiser.

No entanto, em tempos de adversidade, a diferença entre a verdadeira e a pseudo-elite torna-se dolorosamente óbvia. Não importa o que aconteça, a verdadeira elite jamais perde a compostura, mas a pseudo-elite está empenhada apenas em cuidar de seus interesses e logo perde o autocontrole.

Essas pessoas podem ter agido de maneira justa no passado, mas quando passam a proteger seus interesses pessoais tornam-se demônios e oprimem todos aqueles que poderiam se erguer contra elas.

A verdadeira elite não se preocupa com a possibilidade de ser mal compreendida; ela continua serena e nunca deixa de se dedicar: apenas espera que a sorte vire a seu favor e lhe permita, então, mostrar sua verdadeira força. A diferença básica entre esses dois tipos é que um possui motivações egoístas e o outro continua com o coração puro.

Iniciei esta seção falando em termos de relações internacionais, mas isso também vale para líderes do mundo corporativo. Pode ser que uma pessoa ache que seu trabalho tem o apoio de todo o seu setor e que, por isso, ela será capaz de avançar a uma velocidade vertiginosa. Mas talvez o que tenha ocorrido é que ela simplesmente estava no lugar certo na hora certa, e como resultado foi capaz de progredir na hierarquia corporativa. No entanto, embora ela possa ter alcançado sucesso, chegará um tempo em que será testada e então ficará claro se ela de fato merece estar dentro da elite.

A carreira de uma pessoa estende-se por trinta a quarenta anos e é muito difícil acreditar que ela irá desfrutar de ventos favoráveis durante todo esse período. Quando o vento bateu em suas velas, ela foi capaz de alcançar um alto posto, mas, na calma do entardecer, o vento pode ter cessado ou ela pode ter recebido um vento frontal e, quando isso acontece, suas fraquezas podem logo ficar evidentes à vista de todos.

Em condições econômicas de instabilidade, e no cenário internacional em constante mudança dos nossos dias, não creio que seja suficiente para a verdadeira elite tentar liderar os outros simplesmente tendo por base seu sucesso pessoal.

Na verdade, uma das condições para que a pessoa faça parte da verdadeira elite é que, mesmo ao enfrentar condições difíceis, ela não hesite em lutar para sair da adversidade. Esse tipo de pessoa confia na própria capacidade para vencer, mesmo quando se vê em situações desfavoráveis. Concorda em trabalhar em uma área com a qual ninguém mais quis se envolver, e mesmo assim consegue obter sucesso. Atua em campos que não são muito populares, mas dá um jeito de vencer por meio de trabalho árduo e obstinação. É esse tipo de pessoa que merece ser chamada de elite e que irá sustentar a sociedade na nova era que se aproxima.

Há muitas companhias que se desenvolveram quando a economia estava em grande expansão, mas que agora veem uma série de riscos à frente. Se um comandante não sabe como lidar com o perigo, isso pode fazer com que o navio afunde ou o avião se choque contra uma montanha. É em tempos assim que uma mente inabalável e uma grande força física, construídos nos períodos desfavoráveis, podem fazer toda a diferença.

Gostaria agora de me dirigir em particular aos meus leitores mais jovens, dizendo que eles devem tentar não limitar suas experiências às alternativas mais populares. Devem escolher intencionalmente trabalhos que os outros não querem fazer. Devem sentir prazer em navegar por mares desconhecidos e apostar seu futuro em áreas menos conhecidas – com certeza são elas que trazem os maiores desafios.

Há muita gente que tem a ambição de se formar por uma grande universidade, entrar em uma grande corporação e fazer carreira até chegar a um cargo executivo. Essas pessoas em geral são consideradas de "elite", mas sinto que lhes falta algo. É como se estivessem desperdiçando as valiosas décadas que têm para viver aqui neste mundo tentando resolver uma equação bastante óbvia.

Fico imaginando se essas pessoas acham esse tipo de vida realmente interessante. Considero muito mais compensador fazer um esforço para tentar resolver alguma equação para a qual ainda não exista uma resposta conhecida, pois só então você será capaz de experimentar a excitação do sucesso quando encontrar finalmente a solução.

Não acho que uma pessoa que resolva uma equação que qualquer um é capaz de solucionar, que vai para onde todo mundo vai, mereça ser considerada membro da "elite". Pessoas consideradas de elite por causa da universidade que frequentaram ou da companhia na qual trabalham e que sentem prazer nessa identificação acabarão tendo de enfrentar o fracasso ou dificuldades.

2
A Transformação do Mercado de Trabalho

Eu poderia citar várias ocorrências desse tipo. Por exemplo, antes da privatização do setor do aço, existia no Japão a National Railways, considerada a espinha dorsal da economia. Há vinte ou trinta anos, as pessoas que queriam trabalhar em alguma das empresas dessa organização tinham de ser provenientes de uma universidade de prestígio e eram tidas como membros de uma "superelite".

O mesmo pode ser dito a respeito do serviço público. Desde a modernização do Japão a partir da segunda metade do século XIX, os servidores públicos foram considerados superiores às pessoas que trabalhavam no setor privado, e os estudantes das melhores universidades sonhavam em obter um cargo na burocracia estatal.

Essa tendência se manteve nos anos do pós-guerra, mas recentemente ficou óbvio que a situação mudou. Hoje, conseguir um emprego de servidor público é equivalente a entrar em algum dos setores decadentes da indústria. Com certeza, os tempos são outros.

Para ver a razão disso basta olhar para os países desenvolvidos; boa parte de seus habitantes compreendeu que as grandes empresas estatais são um estorvo. O sistema comunista está hoje desmantelado, e o grande erro do comunismo foi criar um estado inchado e esperar que o povo o apoiasse. É preciso reduzir o papel que o governo desempenha na economia; os países que estimulam seu povo a entrar nos negócios são aqueles que mais se desenvolvem e prosperam. Somente quando as pessoas são livres para exercer sua capacidade de empreender é que o país fica apto a progredir. Quando, ao contrário, o governo despende esforços tentando sufocar a energia do povo, fica estagnado. Este é um fato bastante óbvio.

Do ponto de vista da dinâmica da prosperidade econômica, quanto maior for o número de pessoas trabalhando em empregos controlados pela política do governo, maior a probabilidade de que o país entre em declínio. Só quando o país confia na disposição e na coragem dos indivíduos que trabalham energicamente com vistas a um futuro melhor é que a sociedade como um todo consegue prosperar de verdade.

O Japão enfrenta hoje o dilema de escolher que caminho tomar e, observando as tendências em jogo, acho que o mais provável é que escolha esse último caminho, ou seja, dar às pessoas comuns liberdade para desfrutar da própria prosperidade. Se isso ocorrer, aqueles empregos que eram mais cobiçados no passado, como os do serviço público, terão de enfrentar a crise da decadência.

Esses empregos, que costumavam ser ocupados por pessoas geralmente consideradas de elite, irão aos poucos estagnar e os novos setores dos quais todos vão querer participar serão aqueles que ninguém teria levado em conta seriamente no passado. Tecnologia de informação e moda, trabalhos que lidam com informações ou requerem bom gosto, enfim, coisas que não podem ser vistas ou tocadas diretamente. Esses são os trabalhos que hoje estão em destaque, e acho que essa tendência será mantida por bastante tempo no futuro.

3
Aposte em um Novo Mundo

Vendo como a sociedade está mudando, há algo que eu gostaria de dizer àqueles que têm o objetivo de fazer parte do grupo da nova elite. Costuma-se dizer que a vida útil de uma companhia é de trinta anos, mas quando adotamos o ponto de vista da evolução da indústria em seu conjunto, podemos ver que o tempo todo surgem novas coisas.

Se você quer ser reconhecido como membro da elite, é importante não escolher uma área que já tenha alcançado pleno desenvolvimento; ao contrário, deve escolher uma que já tenha brotado, mas que ainda não tenha se desabrochado ou atingido a plena maturidade, e com perspectivas incertas. Somente as pessoas que testam sua fibra nesse tipo de situação é que se encontrarão mais tarde em posição de liderar as outras. Virá um tempo em que mesmo as pessoas que tiverem um bom histórico escolar irão escolher arriscar tudo para tentar sucesso em alguma área na qual seu histórico escolar não conte tanto. Costuma-se dizer que o Japão é um país que dá muito valor aos certificados de qualificação, mas não acho que isso vá durar muito. Creio que, nos novos tempos, os indivíduos que vão liderar o país serão aqueles que não hesitarão em deixar de lado suas qualificações acadêmicas a fim de enfrentar um novo desafio.

Por exemplo, tempos atrás os médicos sempre tiveram grande prestígio na sociedade japonesa, e um número expressivo de jovens talentosos competia para entrar em uma escola de medicina. Agora, porém, estamos dando início a uma era em que haverá saturação de médicos, e alguns deles irão parar para pensar, antes de qualquer coisa, se estão de fato talhados para a profissão médica.

A razão disso é que há muitas pessoas praticando medicina que, na verdade, jamais deveriam ter se tornado médicas. São exatamente as mesmas pessoas que entraram para grandes corporações.

É muito difícil conseguir ingressar em uma boa faculdade de medicina, mas muita gente toma esse caminho simplesmente porque sabe que depois de formada terá oportunidade de ganhar muito dinheiro e obter uma posição de respeito na sociedade. São pessoas que não sentem nenhuma vocação particular pela medicina, e escolheram a profissão apenas pelo que acham que irá lhes trazer. Acredito que iremos ver um aumento no número de profissionais que descobrem que não foram feitos para praticar a medicina.

Penso que, no futuro, as pessoas que se virem nesse tipo de situação não vão hesitar em mudar de carreira. Por exemplo, haverá quem jogue fora seu diploma de médico sem pensar duas vezes para trabalhar em alguma outra área, ou formados e doutorados em engenharia ou ciência que preferirão trabalhar em alguma outra área que não tenha nenhuma relação com a sua. Creio que esse tipo de situação se tornará comum no futuro.

Estou convencido de que esses períodos cheios de desafios, como o nosso, em que as pessoas escolhem de propósito um caminho mais difícil, irão instalar-se definitivamente e farão com que as pessoas talentosas tenham de escolher entre dois cursos de ação bem diferentes.

Algumas poderão dar preferência a uma companhia que não tenha tanta visibilidade junto ao grande público, mas onde possam aproveitar melhor suas capacidades, experiência ou especialização acadêmica, em vez de entrar para alguma companhia já bem estabelecida que conte com a admiração do grande público. Poderá ser uma empresa onde tenham mais espaço para desenvolver seu talento, ou um negócio de risco, ou um campo que não tenha alcançado ainda todo o seu potencial.

Como outra opção, elas podem procurar uma área completamente diferente. Por exemplo, será possível ver um economista com formação em direito, um engenheiro com formação em literatura e um médico que se torna comerciante. Fazer carreira numa área totalmente distinta daquela em que a pessoa estudou e se formou é outra maneira de se tornar um sucesso. Digo isso porque a maioria das coisas que você estuda na universidade como parte da sua especialidade já está desatualizada, e por isso em muitos casos não terá a menor utilidade para você no sentido de lhe dar uma indicação sobre o que irá ocorrer no futuro.

A maneira de avançar na próxima era, de achar um caminho que evite as armadilhas do futuro, pode ser encontrada na nossa sociedade presente, nos vislumbres do futuro que já são visíveis na vida cotidiana. Você precisa ser capaz de farejar essas dicas e usá-las em proveito próprio. Portanto, no futuro você deverá escolher uma carreira que seja promissora, independentemente do que tiver estudado na universidade, e então construir sua vida em torno dela.

Falando de modo bem franco, acredito que as pessoas que no futuro serão consideradas a elite da sociedade serão aquelas que estiverem trabalhando em campos que envolvam o coração humano. Não posso ir tão longe a ponto de dizer que serão áreas ligadas à religião, mas, no mínimo, posso afirmar que virá um tempo em que a elite mais elevada irá encontrar seu propósito de vida na procura da felicidade a partir do interior do coração humano.

No momento, a elite está reunida em torno dos setores financeiro ou da informação, hoje em alta. As pessoas escolhem esses empregos por causa dos grandes ganhos que proporcionam, mas depois de um tempo vão descobrir que não conseguem mais obter satisfação em veicular informação ou em jogar o jogo do dinheiro, e ficarão motivadas a se envolver no estudo, antiquíssimo, embora sempre contemporâneo, da própria humanidade.

4
Trabalhos Que Trazem Felicidade à Humanidade

Uma coisa que podemos prever com certeza é que, no futuro, a elite toda irá se concentrar em trabalhos ligados às questões do coração e aos métodos que visam trazer felicidade à humanidade. Quero enfatizar isso quantas vezes forem necessárias, pois o tempo em que será possível provar que estou certo não está muito distante.

Assim que entrarmos no século XXI essa tendência se tornará muito clara. Ela poderá ser descrita como uma reação aos excessos da economia atual. Como uma reação aos pensamentos das pessoas que viviam absortas nas competições econômicas, a nova elite trabalhará para corrigir e purificar o próprio coração.

No futuro, essas questões do coração terão o potencial de gerar grandes lucros e se tornarão uma área importante. Acredito que chegará um tempo em que velhas expressões como "O Aço é o País" serão trocadas por outras como "O Coração é o País" ou "O Coração é o Mundo". As questões do coração irão se tornar não só a base de novas carreiras como também darão margem a uma série de negócios complementares e a empregos de meio período. Portanto, seja qual for a atividade em que você está envolvido agora, ela dará espaço à tendência de gastar seu tempo livre estudando as pessoas, a felicidade humana e o coração.

Isso será consequência natural do maior tempo livre que será dado às pessoas. Haverá muita discussão sobre como esse tempo deverá ser usado de modo produtivo, e aqueles que forem capazes de apresentar as melhores alternativas para sua utilização serão os verdadeiros líderes do futuro. Eles serão a verdadeira elite, formada por indivíduos capazes de se manifestar e dizer aos outros que, além de trabalhar para ganhar a vida, há outras coisas que eles podem fazer.

No passado, as pessoas se esforçavam para obter qualificações numa variedade de assuntos, desde aprender idiomas até dominar a cerimônia do chá ou dos arranjos florais, mas acredito que virá um tempo em que as pessoas ficarão mais interessadas em se tornar faixa preta em assuntos do coração, ou seja, em se qualificar para compreender o coração.

5
Três Condições para Ser Reconhecido como Membro da Elite na Nova Era

Considerando essas tendências da nova era, a nova elite irá diferir muito daquela que a sociedade adota hoje e precisará atender às três seguintes condições.

A primeira condição é que, na fase inicial da vida, pelo menos durante os primeiros vinte anos, as pessoas da nova elite devem ser reconhecidas como muito competentes em termos práticos. Eu disse antes que virá o tempo em que as pessoas deixarão de lado suas qualificações, mas, mesmo que elas venham a descartá-las, é importante que as tenham tido efetivamente um dia. Não fará diferença o que tiverem estudado, se elas se formaram em medicina, direito, engenharia ou alguma outra especialidade, inclusive no esporte. O importante é que na primeira metade ou no primeiro terço de sua vida elas tenham tido um sucesso evidente, pois esse é o primeiro passo para ser reconhecido como um líder pela sociedade. Essa é a primeira condição: demonstrar sua capacidade e excelência já no estágio inicial da vida.

A segunda condição é que elas devem ter experimentado algum perigo, sofrimento ou adversidade na vida. Elas precisam ter voltado as costas para o caminho mais fácil e aceitado o desafio de trabalhar num campo que coloque diante delas várias dificuldades. Essa experiência é o que fará com que consigam a admiração e o respeito de um grande número de pessoas no futuro. Elas não estarão preocupadas com suas carreiras anteriores, simplesmente seguirão adiante numa direção diferente. Ou seja, ter experimentado essas dificuldades e sofrimentos é a segunda condição do sucesso.

A terceira condição para o sucesso é progredir num campo absolutamente desvinculado de qualquer coisa que tenham feito no passado, e então combinar o novo com o velho para criar algo totalmente original. Isso é importante.

Por exemplo, vamos dizer que um médico mude de ocupação e se torne um homem de negócios. No início, não estará habituado ao novo trabalho e sem dúvida vai achar as coisas muito difíceis, mas com o tempo irá se assentar na nova carreira e ficará bom naquilo que faz. No entanto, a que área você acha que ele dará maior atenção? A maioria dos homens de negócios está interessado apenas na recompensa financeira, portanto concentra toda a atenção no lucro que pode obter. Já um homem de negócios que tenha começado a vida como médico terá ideias diferentes; um indivíduo que tenha passado a vida cuidando da saúde das pessoas antes de se tornar um homem de negócios irá olhar em outras direções.

Ele vai perguntar a si mesmo o que sua companhia pode fazer para melhorar a saúde de toda a sociedade. Também refletirá sobre o que precisaria ser feito a fim de que sua equipe fosse capaz de trabalhar com maior eficiência e ao mesmo tempo desfrutar de uma vida saudável. Desse modo, poderá criar uma ideologia completamente nova para sua companhia. Poderá criar algo absolutamente inovador seguindo a dialética de tese, antítese e síntese; isto é, uma companhia que incorpore uma ideologia médica.

Para dar outro exemplo, embora a maioria das pessoas que estão envolvidas em finanças tenha formação em economia, administração ou direito, o que ocorreria se alguém proveniente da área de ciências ou de engenharia entrasse nesse setor? Essa pessoa teria um modo totalmente diferente de pensar e de ver as coisas; portanto, no início enfrentaria muitas dificuldades, mas com o tempo seria capaz de se destacar. Poderia, por exemplo, usar todo o seu conhecimento de fórmulas matemáticas ou de técnicas científicas de previsão para reorganizar por completo o setor financeiro. As novas ideias que produzisse seriam então incorporadas às já existentes nessa área.

Por outro lado, o que aconteceria se alguém que tivesse se especializado em direito se voltasse para a literatura e passasse a retratar a sociedade humana? Em geral, um escritor é alguém que estudou literatura ou tem uma inclinação natural para essa área, mas, se alguém com um bom conhecimento de direito se envolvesse com a escrita, iria descrever não apenas as paisagens do coração, mas também seria capaz de retratar a estrutura da sociedade atual. Então, poderia descrever essa estrutura social e ao mesmo tempo mostrar o coração das pessoas que estão à mercê dela. Isso representaria uma direção diferente da alma em relação àquela adotada pelos escritores do passado, porém é muito possível escrever romances ou literatura desse tipo.

Como vemos, as tendências do futuro serão voltadas para coisas que brotam de uma diferente maneira de pensar. Isso é algo maravilhoso e com o tempo irá conquistar o reconhecimento do público.

Gostaria agora de recapitular o que foi dito. A primeira condição da verdadeira elite é que ela seja capaz de demonstrar sua capacidade em uma idade relativamente precoce. A segunda é que as pessoas que façam parte dela tenham sido capazes de desenvolver suas capacidades dentro de uma situação adversa. A terceira é que os resultados de seu trabalho sejam algo muito diverso de qualquer coisa que tenha surgido antes, ou seja, elas utilizarão seu conhecimento em áreas diferentes para criar algo absolutamente único.

Só depois de terem conseguido isso é que serão reconhecidas como líderes da sociedade do futuro, capazes de guiar a humanidade em águas desconhecidas. As pessoas que tiverem experimentado essas coisas é que serão reconhecidas como a verdadeira nova elite. Obviamente, a razão pela qual se faz necessária uma nova elite é que a alma sempre tem a tarefa de se desenvolver e evoluir em novas direções. Por isso, acho que as pessoas que têm ampliado o receptáculo de sua alma e se esforçado para alcançar novos horizontes passarão a ser reconhecidas como a verdadeira elite.

Capítulo 5

Trabalho e Amor

1
A Verdadeira Essência do Amor e do Trabalho

Hoje em dia ninguém consegue viver sem trabalhar, mas o que você pode fazer para conciliar seu trabalho com a Verdade de Buda ou de Deus? Além disso, que tipo de atitude deve adotar em relação à sua atividade profissional, e como lidar com ela de modo que esteja de acordo com os preceitos da Verdade de Buda ou de Deus? Estas são as questões que eu gostaria de abordar neste capítulo.

Vamos começar considerando o lugar que o trabalho ocupa dentro da Verdade de Buda ou de Deus. Tenho certeza de que há pessoas que sentem que a filosofia budista dos "Oito Corretos Caminhos" se refere ao trabalho quando fala da "Correta Ação". Claro, em tese poderíamos dizer que a "Correta Ação" trata desse aspecto, de fazer nosso trabalho da maneira correta, mas nesse caso a ênfase seria em adotar o ponto de vista da autorreflexão, e não acho que só isso seja suficiente. Um dos problemas que enfrentamos aqui é encontrar um modo de nos relacionarmos com o trabalho com um enfoque mais positivo.

Para isso, gostaria de apresentar meus pensamentos sobre "amor e trabalho" ou "trabalho e amor". Não acho que alguém já tenha refletido o suficiente sobre a relação entre essas duas coisas, e você mesmo tampouco deve ter pensado muito nessa relação entre o amor e a atitude de fazer seu trabalho empregando o máximo da sua capacidade. Se pensou, provavelmente partiu da premissa de que há um lado universal no amor, um aspecto que exige que você faça o melhor possível, pensando no mundo como um todo, e que portanto deve usar seu trabalho como uma maneira de restaurar um lugar para o amor dentro da sociedade. É claro, nem é preciso dizer que essa é a maneira correta de encarar as coisas, mas não quero limitar meu pensamento a esse aspecto social ou a grandes tarefas, como a construção de uma Utopia; gostaria de considerar também os aspectos pessoais e privados.

Até aqui, tenho abordado o amor sob vários aspectos. Por exemplo, tenho afirmado que "a verdadeira essência do amor é dar sem pedir nada em troca", ou que "o amor é uma emoção benevolente, mas que às vezes pode se expressar como severidade ou força". Essa benevolência, severidade e força são todas facetas a serem levadas em conta ao analisarmos a relação entre amor e trabalho.

Começando pela benevolência, podemos dizer que ser bom e gentil com as pessoas com as quais você tem contato é algo que facilita as relações, faz as coisas fluírem e cria uma vibração positiva. Mas o amor tem também um lado severo, que costuma se manifestar sobretudo no "amor que nutre", e essa severidade pode ser útil quando a pessoa aprimora suas habilidades a fim de melhorar a maneira como o trabalho é feito.

E o que dizer sobre a força do amor? Podemos dizer que ela se expressa nos sentimentos de responsabilidade; por exemplo, é o que faz um chefe ou gerente de setor querer cuidar de seus subordinados, e é também o impulso que leva o presidente de uma companhia a se esforçar para que ela tenha um desenvolvimento sempre maior. É nisso que podemos esperar encontrar esse aspecto.

Nesse contexto, o único outro aspecto que a meu ver vale a pena mencionar é a atenção meticulosa que o amor dedica aos outros. Por exemplo, a maneira de uma mãe cuidar de seu filho recém-nascido pode ser considerada uma expressão de seu amor pelo bebê. Quando este chora, ela se esforça ao máximo tentando descobrir o motivo, procura ver se ele quer comida, verifica as fraldas e se todo o resto está em ordem, dedicando-lhe toda a sua atenção.

O amor sempre incorpora esse tipo de atenção meticulosa aos detalhes, mas não creio que isso seja exclusivo do amor maternal. Se esse tipo de atenção fosse aplicado ao local de trabalho, qual seria o resultado? Acho que sem dúvida faria com que o trabalho fosse feito sem um único erro sequer.

2
A Lei do Amor no Local de Trabalho

A ideia de um trabalho sem um único erro talvez pareça severa demais. Não existe ninguém que possa afirmar que teve um trabalho no qual jamais cometeu um erro. Mas toda vez que isso ocorre, você se sente mal e pode até criticar a si mesmo por sua estupidez.

Nessas horas, você se pergunta por que é incapaz de fazer esta ou aquela tarefa, por que foi tão descuidado e propenso a errar, ou por que é tão esquecido. Tenho certeza de que muita gente já se sentiu assim. Claro, alguns trabalham por conta própria, mas a maioria trabalha com outras pessoas, tem colegas, subordinados, superiores e clientes, e são esses relacionamentos que dão sentido ao seu trabalho.

Podemos afirmar que esses relacionamentos são semelhantes a um tipo de amor. O amor é algo que brota entre indivíduos, tem o poder de formar vínculos entre eles e é o que cria os relacionamentos. Do mesmo modo, o trabalho possibilita relacionamentos entre os indivíduos, e podemos dizer também que os documentos são uma maneira pela qual as pessoas se tornam capazes de chegar a um entendimento mútuo.

No contexto do trabalho de escritório, os documentos de negócios representam uma forma de correspondência pública, mas não é suficiente que eles simplesmente transmitam seus pensamentos; pelo fato de serem públicos, sempre haverá outras pessoas que terão conhecimento do seu conteúdo. Seu chefe ou alguém de fora da companhia tem de ser capaz de compreender o que você escreveu, e por isso é importante que você tente sempre se colocar na situação deles ao redigir esse material. Os documentos que você cria serão vistos por várias outras pessoas e, se estiverem cheios de erros, você irá gerar mais trabalho para os outros. Trabalho feito de qualquer maneira gera trabalho para outras pessoas e desperdiça o precioso tempo delas. Portanto, podemos dizer que um trabalho feito de modo negligente é uma manifestação do "amor que cobra".

Pessoas cujo trabalho é cheio de erros lembram aquelas crianças que estão sempre querendo ser o centro das atenções. Se a pessoa sempre comete erros no trabalho, os outros terão de verificar tudo o que ela faz. Com isso, ela monopoliza a força dos outros, e nesse contexto podemos dizer que manifesta uma das formas do "amor que cobra".

Considerando que o trabalho é uma forma de se manifestar o amor, então gostaria que compreendesse que as leis do amor também se aplicam ao campo de trabalho. Viver neste mundo e obedecer às leis do amor significa que você deve sempre ter em mente as demais pessoas ao realizar seu trabalho, deve estar ciente de quem será o beneficiário do seu trabalho e assim produzir algo que satisfaça as necessidades dele. Isso é o mais importante de tudo.

3
Satisfazer as Necessidades das Pessoas

Se você estiver empenhado demais em buscar a perfeição no seu trabalho, acabará muitas vezes causando problemas aos outros. Numa avaliação profissional, você deve estar ainda em uma fase de se autopromover pelo trabalho. É a fase em que se obtém a autossatisfação quando o resultado do trabalho é satisfatório.

Entretanto, à medida que você progredir na sua carreira, vai perceber que a autossatisfação e a racionalização não são suficientes. A sociedade irá considerá-lo imaturo do ponto de vista espiritual. Por mais que se queira a perfeição, é preciso se adequar à necessidade da maioria. Se você é do tipo que precisa fazer tudo à sua maneira, acabará sendo colocado em segundo plano pelo grupo.

Essa é uma das razões pelas quais tantas pessoas inteligentes fracassam na vida. Ao longo da carreira profissional, aquelas pessoas consideradas inteligentes no início de carreira, com o passar dos tempos, muitas vezes, são alocadas em funções irrelevantes. Em geral são pessoas eruditas que só se concentram em trabalhos que lhes interessam, e são incapazes de enxergar qual é a necessidade da companhia como um todo, do seu departamento ou da sua seção. Em outras palavras, ficam envolvidas demais com a autossatisfação, com formalidades, e são incapazes de dar atenção ao equilíbrio geral. Não conseguem cooperar com os demais e, não importa o quanto sejam inteligentes, acabam sendo nomeadas para cargos sem perspectivas de crescimento. A realidade pode se tornar muito difícil para pessoas desse tipo.

Portanto, podemos dizer que há dois tipos de pessoas incompatíveis com o trabalho. Primeiro, aquelas que obviamente não têm a capacidade de fazer o que é preciso, e, em segundo lugar, as que são tão talentosas que têm dificuldade para entrar em harmonia com os outros ao seu redor, e com isso acabam sendo incapazes de fazer seu trabalho. Quando fazem parte de uma organização, esses dois tipos irão causar muitos problemas aos seus colegas.

Se você acredita que "o trabalho é uma expressão de amor", então tem de encará-lo por esse ponto de vista e se esforçar para obter um resultado que satisfaça o maior número possível de pessoas. Isso é particularmente verdadeiro quando se trata de um cargo dentro do ambiente empresarial, pois nesse caso, ao contrário do que ocorre com escritores, que têm condições de apostar em sua própria singularidade, suas ações são controladas pelas necessidades de um grande número de indivíduos. Assim, para poder fazer um bom trabalho, é necessário que você seja capaz de atender a essas necessidades, ou seja, que saiba compreender as exigências e requisitos das pessoas à sua volta da maneira mais rápida possível.

Também é preciso que você consiga captar o quanto antes o temperamento de seus superiores. Você deve ser capaz de avaliar se eles esperam que você faça algo de maneira muito precisa, muito rápida ou com extrema atenção para os detalhes. Antes de tudo, você precisa conseguir entender exatamente o que o seu chefe espera de você.

Se um indivíduo sente o desejo de fazer um trabalho que beneficie o mundo, então não pode se dar ao luxo de ignorar as necessidades e exigências dos outros. O mundo é composto por um imenso número de pessoas, e é quando elas trabalham juntas a fim de suprir as necessidades umas das outras que se forma uma sociedade. É somente pelo fato de trabalharem para satisfazer as necessidades recíprocas que a sociedade pode existir como uma comunidade. Portanto, se você pretende fazer um bom trabalho, precisa atender às exigências dos outros utilizando ao máximo sua capacidade.

4
Desejo de Satisfazer e Amar

A vontade de fazer o melhor possível para atender às necessidades dos outros pode ser descrita como um senso de servir o outro. Muitas pessoas consideram que esse espírito prestativo é um comportamento fingido, superficial, feito apenas com o objetivo de ganhar dinheiro, mas no seu nível mais básico pode ser descrito como uma forma de amor. Não há nada de vergonhoso em ter um desejo sincero de satisfazer as necessidades dos outros. Usar o trabalho para alcançar um sentimento verdadeiro de plenitude ao proporcionar satisfação aos outros – é esse o tipo de espírito que você deve ter no trabalho.

Existem atividades das mais variadas formas, mas, com certeza, se o trabalho que você está fazendo causa algum inconveniente aos outros, então você se tornou um praticante do "amor que cobra". Por outro lado, se você produz alegria a um grande número de pessoas por meio do seu trabalho, pode encarar a si mesmo como um praticante do "amor que se dá".

É importante que você seja a pessoa certa para determinada tarefa. Você pode ambicionar *status*, e se for capaz de alcançá-lo, ao obter um alto posto poderá levar amor a muitas pessoas. Mas, se não for competente no que faz, irá apenas gerar dificuldades. Se você almeja obter *status* a fim de receber muitos elogios das pessoas, se não for movido por um desejo de ajudar os outros, isso será uma coisa negativa.

Por isso, pense sempre que o sucesso nos negócios é uma dádiva de Buda ou de Deus, e esforce-se para fazer seu trabalho aproveitando ao máximo seus pontos fortes. Concentre-se sempre em seus pontos fortes e procure, na medida do possível, não permitir que seus pontos fracos se tornem aparentes: esse é o verdadeiro espírito do trabalho.

Quero que você entenda que o desejo de satisfazer os outros, o espírito de servir o próximo, é uma força importante, que irá imbuir seu trabalho com a energia do amor. Você deve sempre pensar nos outros e ser sincero e honesto em seu trabalho, isso é o mais importante. Se quiser que tudo aquilo que você faz seja uma expressão do seu amor pelos outros, comece pela dedicação e pelo amor no seu trabalho e ficando atento às necessidades das demais pessoas; fazendo isso, descobrirá que não só você, mas todos ao seu redor passam a se mover numa boa direção.

O amor pode ser encontrado na atenção aos detalhes e também na sabedoria de não perder de vista as necessidades dos outros. É isso o que eu desejo que você aprenda.

Capítulo 6

A Eficácia das Férias

1
Alegria Serena

Neste capítulo, gostaria de examinar as férias anuais como um exemplo do efeito benéfico que este período pode ter.

Já apresentei uma série de ensinamentos até hoje, e uma característica que todos eles têm em comum é a importância que dão ao esforço e à dedicação, como únicas maneiras de conseguir o autoaprimoramento. Basicamente, isso sem dúvida é uma verdade e acredito que as pessoas devem viver a vida seguindo esses preceitos.

No entanto, ao considerarmos a felicidade humana, percebemos que ela requer algo mais além de esforço e autoaprimoramento. Há as pequenas felicidades, as alegrias serenas que não têm nada a ver com dinamismo e esforço. É algo que brilha sobre a humanidade há milhares, dezenas de milhares de anos de eterna verdade.

No verão, todas as escolas japonesas entram em recesso para férias prolongadas, e mais recentemente a maioria das empresas também começou a oferecer a seus trabalhadores um tempo de descanso nessa época. A razão disso é que os verões são tão quentes que a saúde das pessoas sofre com isso, e elas precisam de um tempo para se recuperar, restaurar as energias, relaxar e renovar-se.

Costuma-se dizer que os japoneses são bons no trabalho, mas não são bons para se divertir, e é inegável que essa é uma das razões pelas quais o país foi capaz de se desenvolver e prosperar tanto. Porém, falando como alguém que possui certo conhecimento dos padrões ocidentais de comportamento, devo admitir que considero a maneira de pensar do Ocidente muito interessante.

Diz-se que os japoneses gostam de trabalhar porque passam o ano todo numa atividade frenética, levando a vida como formigas ou abelhas.

Já a perspectiva de vida dos ocidentais é um pouco diferente. A maneira como eles abordam o trabalho se parece mais com a do rei dos animais, o leão. Quando um leão sai atrás de uma presa, põe todo o seu empenho nessa tarefa. Sabe que não pode se dar ao luxo de falhar e, então, usa cada gota de sua energia para caçar a presa e abatê-la com um poderoso golpe. No entanto, depois de devorá-la, ele deita à sombra de uma árvore, ou ao sol, e tira uma boa soneca, satisfeito. Nessa hora, não importa se uma presa atraente passa por perto; ele não mexerá um músculo, continuará na sua sesta da tarde.

2
O Que Podemos Aprender com o Estilo de Vida do Leão

A vida do leão me faz pensar numa mola. Digo isso porque, para se expandir, primeiro a mola precisa ser comprimida. Uma mola não deve ficar totalmente estendida sempre, nem totalmente comprimida sempre. Uma mola que tenha boa compressão irá se estender bem; inversamente, uma mola que se estenda bem, com certeza também terá boa compressão, e é por isso que sinto que o estilo de vida do leão lembra uma mola.

Comparado ao padrão de comportamento das formigas ou das abelhas, o do leão parece indolente e preguiçoso quando o vemos descansando, mas, quando está trabalhando, ele faz isso com tal dinamismo que deixa as formigas e abelhas muito para trás. Porém, dificilmente os animais que trabalham duro o dia inteiro irão compreender esse tipo de vida.

Não estou dizendo que o estilo de vida do leão deva ser adotado por todos, mas presumo que as pessoas que fazem grandes serviços em benefício da sociedade seguem alguns aspectos desse estilo. Os seres humanos são os que mais tiram proveito dele. A capacidade das pessoas não se amplia em linha reta, mas por estágios. Ou seja, depois que a pessoa alcança certo estágio, ela parece estar diante de uma parede de tijolos, e a partir daí seu progresso estanca. No entanto, superado esse obstáculo, ela descobre que a força que veio acumulando durante esse período de imobilidade lhe permite avançar de repente com força explosiva. É pela repetição desse ciclo que as pessoas se tornam capazes de subir de nível na vida.

Em outras palavras, você precisa ter o poder de avançar com rapidez quando achar que chegou a hora propícia. Esse poder é tão grande que lhe permite subir pela encosta da montanha que bloqueia seu avanço. Depois de escalar essa encosta, você estará diante de uma planície ampla que poderá cruzar com facilidade, até que surja outra montanha. Então, subirá mais essa encosta e verá que há outra planície aguardando por você. Penso que a vida é uma repetição desse ciclo de esforço e depois relaxamento.

Ninguém é confrontado continuamente com dificuldades. Mas há certas épocas no decorrer de um ano em que as coisas ficam mais difíceis e você, como uma mola, precisa de um período de lazer para recuperar sua força física e mental, a fim de ser capaz de superar as dificuldades.

É dessa maneira que os ocidentais enfrentam a vida, mas os japoneses são incapazes de pensar assim. Quando um japonês vê alguém trabalhar com fúria por um minuto para depois poder tirar um bom descanso, acha que a pessoa é simplesmente excêntrica e preguiçosa.

Claro, uma pessoa que pretenda parar de vez de trabalhar ou estudar não pode se queixar se for acusada de preguiçosa ou desistente, mas esse tipo de repouso improdutivo não é a única maneira de descansar. Um repouso possui também um efeito positivo na vida.

3
Esteja nas Melhores Condições para Trabalhar

No presente momento, em que nos aproximamos do final do século XX[1], o Japão se vê no centro das atenções. O povo japonês trabalha com tanto afinco e se tornou tão próspero que passou a ser invejado pelo mundo todo. Agora, o que temos a fazer é elaborar um plano maior, um projeto mais construtivo para o futuro.

Embora isso só possa ser alcançado sendo produtivo como as formigas ou as abelhas, acho importante que as pessoas também pensem como um leão e se mostrem capazes de dar grandes saltos adiante. É essencial que a maioria continue a trabalhar com dedicação, como as formigas e abelhas, mas aqueles que despertaram para a Verdade de Buda ou de Deus por meio dos ensinamentos da Happy Science devem aprender a ser mais como o leão.

---

1. Época em que este livro foi escrito. (N. do E.)

Acredito que um grande número de membros da Happy Science tem um enorme potencial latente. São pessoas boas, com alto grau de inteligência e uma tendência inata para a religião, que abordam os outros com amor e delicadeza e têm personalidade maravilhosa. As chamas do entusiasmo irão se propagar em pessoas como essas, do mesmo modo que o fogo se espalha por uma pradaria, e ao mesmo tempo elas têm o potencial de avançar como um leão. Isso se deve aos seus músculos ágeis e à sua tenacidade e força. Por isso, gostaria que de vez em quando você mudasse sua maneira de pensar. Para que possa sentir que se tornou mais como um leão do que como uma formiga ou abelha, você precisa refletir sobre o que é que dá ao leão sua força explosiva.

Primeiro, devemos considerar o seguinte: quando um leão sente que certa tarefa justifica isso, ele utiliza cada grama de força que é capaz de reunir e aplica nessa tarefa. Mas, para desempenhar a tarefa da melhor maneira possível, ele precisa se manter no auge de sua condição.

As pessoas que desperdiçam sua força na rotina do dia a dia acabarão não conseguindo dar o melhor de si para realizar um excelente trabalho. Se for esse o seu caso, gostaria que pensasse da seguinte maneira: em primeiro lugar, não dissipe sua energia; pergunte a si mesmo qual a tarefa mais importante e que requer sua máxima energia e faça um esforço para ficar na melhor condição possível a fim de poder aplicar toda a sua capacidade para resolvê-la.

4
O Significado Positivo do Descanso

Para se manter no auge de sua condição, você precisa encarar suas férias de forma positiva. Os japoneses em geral não são muito bons na maneira de aproveitar suas férias; eles parecem não compreender que elas devem servir para descansar e recuperar sua energia.

Existe um princípio econômico conhecido como "lei dos rendimentos decrescentes". Também é chamado de "princípio da produtividade marginal decrescente", e significa que o grau de satisfação conseguido por meio do esforço irá decrescer gradualmente conforme a quantidade de esforço despendido aumenta. Em outras palavras, se você estiver muito faminto, quando finalmente comer, o primeiro prato será tão delicioso que quase derreterá na sua boca. No entanto, uma segunda porção já não produzirá a mesma sensação de satisfação e a terceira menos ainda. Quando estiver na quarta ou quinta porção, descobrirá que nem consegue mais comer. Assim, a satisfação que obteve no primeiro prato irá diminuir gradualmente à medida que você come mais.

O mesmo vale para o estudo. Se você passa o dia inteiro estudando um único assunto, sentirá que vai ficando cada vez menos capaz de absorver o que lê. Na primeira hora, aprenderá muito, mas na segunda e terceira descobrirá que sua atenção tende a se desviar, começará a pensar em outras coisas e passará a assimilar cada vez menos informações. Mesmo assim, ainda há pessoas que acham que o importante é a quantidade de tempo que se passa em meio aos livros e, embora sejam incapazes de absorver muita coisa, insistem em estudar cinco, oito, até doze horas seguidas.

Em vez de estudar três horas seguidas, faz muito mais sentido estudar uma hora, depois fazer uma pausa de dez minutos, estudar mais uma hora e fazer outra pausa. Esse conselho parece muito simples, mas é uma verdade imutável, e você conseguirá aprender muito melhor dessa maneira.

Isso me traz de volta ao tema principal deste capítulo, ou seja: para ganhar o máximo possível com seu trabalho, você precisa fazer uma pausa de vez em quando. Isso vale até mesmo quando você está estudando a Verdade de Buda ou de Deus. Se ficar estudando a Verdade o dia inteiro, todos os dias, descobrirá que chega um ponto em que não é mais capaz de assimilar o que lê, pois sua mente vai começar a ficar saturada. As pessoas que insistem em estudar desse modo ainda não dominaram a arte do estudo eficiente. Quando você fica sobrecarregado de informação, precisa descansar um tempo.

Por exemplo, se você estuda aos domingos, não deve passar o dia inteiro com a cara grudada nos livros; faça pequenas pausas entre as sessões de leitura. Se tiver de passar a semana inteira estudando, estabeleça dois dias de descanso e estude apenas cinco dias. Se isso lhe parecer um desperdício de tempo, estude seis dias e reserve um para descansar.

Se tiver de programar um período mais longo de estudos, digamos um mês ou três meses, proponha-se como meta estudar três semanas seguidas e depois descansar uma semana, ou, numa escala ainda maior de tempo, você pode planejar um período de três meses de estudo e, então, estudar dois meses seguidos e tirar um mês de folga.

Não importa o que decida fazer, lembre-se de que não é por preguiça que você deve reservar um período de descanso, e sim para ser capaz de obter maior rendimento de seus esforços. Esta é uma das maneiras de fazer uso eficaz do seu tempo de folga.

5
Como Otimizar o Uso do Seu Tempo

Nesta seção, gostaria de lhe ensinar a mudar seu objetivo imediato. Já expliquei que, quando uma pessoa passa tempo demais fazendo uma única coisa, sua eficiência diminui. Mas, se você não conseguir fazer uma pausa, verá que é possível obter quase o mesmo efeito se mudar o que está fazendo.

Quando começar a ficar entediado com a tarefa que está realizando, você pode criar um estímulo fazendo outra coisa.

Ao mudar seu estado mental, descobrirá que consegue trabalhar por períodos de tempo mais longos.

É muito fácil efetuar essa mudança. Por exemplo, se você está estudando no seu quarto, pode começar a ler um livro diferente para variar, ou então pode tentar escrever ou ouvir música, renovando a atenção ao usar um sentido diferente. Também é possível conseguir isso mudando de lugar onde está trabalhando. Por exemplo, se estiver lendo no escritório, passe para o quarto e fique lá ouvindo música, ou então vá para a sala e estude fichas de anotações. Uma mudança de local como essa pode abrir outra perspectiva.

Seja qual for o método que decidir usar, as horas do dia são muito limitadas, e é importante que você consiga fazer o melhor uso delas, da maneira mais eficaz possível, para obter o maior rendimento.

Apresentei aqui dois métodos para ajudá-lo a aproveitar melhor seu tempo, mas gostaria de enfatizar novamente que os dias de descanso não são um desperdício: são o segredo para se alcançar a máxima produtividade.

Se você sentir que a lei dos rendimentos descrescentes começa a afetar o resultado de seus esforços, tente fazer outra coisa ou mudar de ambiente, a fim de renovar seu estado mental. Ao mesmo tempo, faça pausas para descanso quando necessário. Com isso, descobrirá que sua força física, sua vitalidade e seu intelecto recuperam a boa forma. Se você se cansar de ler livros, tente parar totalmente de ler durante uma semana. Assim, conseguirá voltar a ler com um estado mental renovado. Isso não tem nada a ver com preguiça, é uma técnica que você precisa aprender ao longo da vida se quiser obter algo maior.

Apresentei neste capítulo informações que podem funcionar como guia para ajudá-lo a vencer barreiras ocultas que o estejam impedindo de realizar todo o seu potencial.

Capítulo 7

Aproveitar o Tempo ao Máximo

1
Viva Seu Tempo
Integralmente

Neste capítulo, quero falar sobre a melhor maneira de aproveitar a unidade que usamos para medir nossa vida – o tempo.

Dizem que toda pessoa experimenta prazer e sofrimento ao longo da vida, mas esses dois processos não são governados apenas pelas circunstâncias, são também matizados pelo modo segundo o qual a pessoa dispõe de seu tempo enquanto vive. Em outras palavras, há duas maneiras de olhar para a vida de uma pessoa: uma delas é a partir dos acontecimentos pelos quais ela passa e a outra é do ponto de vista do tempo.

Quando olhamos para o que uma pessoa conquistou na vida, o desempenho que ela mostrou em relação ao tempo é de importância vital, por isso quero examinar em detalhe a natureza do tempo.

Como nunca é demais ressaltar o óbvio, vamos considerar primeiro que o dia é dividido em 24 horas. Esse é um fato imutável e ninguém pode mudá-lo. É uma convenção importante e valiosa. Não interessa o quanto uma pessoa seja influente ou especial – pode ser um político, um rei ou um filósofo –, é impossível para ela aumentar ou diminuir essas 24 horas em um segundo sequer. Mesmo a pessoa que concebeu a teoria da relatividade não seria capaz de aumentar ou diminuir o tempo em quantidade ínfima que fosse. Enquanto escrevo esta frase, o ponteiro dos segundos do relógio continua seu movimento inexorável, como se fosse areia deslizando entre meus dedos, e cada segundo, depois que passa, não pode mais ser recuperado.

As 24 horas que compõem o dia são o acúmulo de todos os segundos, de todos os minutos que passam. Este é um fato do qual não há como escapar. Todos os frutos da civilização, todas as atividades humanas são desenvolvidas dentro dessa moldura do tempo e, se não fosse dentro dela, nada disso poderia ser realizado.

As ondas do oceano batem na praia e depois voltam, e é esta eterna ação de ir e vir, sem nunca tentar fazer nada diferente, que faz com que as ondas sejam o que são. Os seres humanos, porém, fazem algo mais positivo dentro do fluxo contínuo de tempo. Infelizmente, muitas pessoas usam seu tempo como se fosse a água do chuveiro, deixando que escorra por elas sem pensar em como poderia ser usada para beneficiar e trazer mais poder à sua vida.

Gostaria de fazer um apelo a você, que está lendo este livro, para que tente um novo começo, usando uma compreensão renovada da natureza do tempo.

O tempo é um bem valioso e também é algo que ninguém pode tirar de você. Não importa em que situação você se encontre, mesmo que esteja sendo torturado, ainda assim o dia terá 24 horas. Esse tempo é precioso, é um diamante eterno e ninguém poderá privá-lo de seu valor. Pode-se dizer que ele representa a maior compaixão que Buda/Deus lhe ofereceu como presente.

Jesus Cristo e todas as outras grandes personalidades da história viveram sua vida usando as mesmas 24 horas que compõem o seu dia. No entanto, não acredito que ninguém tenha sido tão bem-sucedido em fazer um bom uso do tempo como Jesus Cristo nos últimos três anos de sua vida, aqueles 36 meses que mudaram o mundo.

Embora todos nós vivamos as mesmas 24 horas por dia, esse tempo pode ter ou não um uso excelente. Você realmente faz um uso pleno do tempo que lhe foi concedido? Quanto conteúdo será que seu tempo encerra de fato? Gostaria que você refletisse profundamente sobre isso.

2
Tempo Desperdiçado em Trabalho e Estudo

Gostaria de compartilhar o que aprendi com a experiência pessoal a fim de ajudar você a fazer o melhor uso possível do seu tempo. O que você faz com o tempo que tem à disposição? Gostaria que refletisse sobre isso. Como você usa seu tempo? Com certeza todo o mundo conhece aquela ampulheta de areia que mede o tempo. Acho que ela ilustra bem sua natureza. Você deve pensar em cada segundo que passa pela estreita abertura no centro da ampulheta como sendo ouro puro. Esse pó de ouro desce pelo vidro num fluxo constante, mas qual é o uso que você faz disso? Se alguém disser que nunca desperdiçou um segundo do dia, então talvez estejamos diante de uma grande pessoa, ou de um mentiroso, ou ainda de alguém incapaz de pensar de modo coerente a respeito do que faz.

Não importa, para aproveitar ao máximo seu tempo você precisa começar a usar cada segundo no próprio instante em que ele surge. Deve pensar no tempo como algo tão valioso como pó de ouro e fazer com que pare simplesmente de escorrer entre seus dedos. Ou isso, ou então precisa fazer cada grão de ouro brilhar ao cair.

Ao examinar em retrospecto o transcorrer de um dia qualquer, onde você imagina que desperdiçou mais tempo? Alguns podem dizer que foi dormindo, outros talvez afirmem que foi gastando tempo nas refeições e outros ainda desperdiçando tempo no banho. Mas arrisco dizer que, embora as refeições ou o sono possam parecer uma perda de tempo, eles são uma parte essencial da vida e, portanto, não são supérfluos.

Você tem necessidade fisiológica dessas atividades e, se tentar ignorá-las, elas farão você pagar um preço. Não, na verdade creio que é no seu trabalho ou no seu estudo que você desperdiça mais tempo. Esta é a conclusão a que cheguei depois de muitos anos refletindo sobre o assunto. As pessoas desperdiçam tempo não nas coisas que consideram fúteis, mas naquelas que acreditam ser úteis. Elas ficam muito mais propensas a desperdiçar seu tempo quando acreditam que aquilo que estão fazendo irá trazer-lhes algum tipo de benefício.

Isso pode parecer um paradoxo extremo, mas penso que as pessoas que já viveram a maior parte da vida e estão agora na terceira idade irão entender melhor a verdade contida nessa afirmação.

O que você acha que pode levá-lo a se arrepender algum dia? Você acha que vai se arrepender de ter dormido muito? Ou de ter passado tempo demais fazendo refeições? Ou que gastou seu tempo livre jogando tênis, golfe ou indo nadar? Não creio.

Acredito que o principal motivo de arrependimento será seu trabalho, no qual você passou a maior parte da vida. Ou, então, os anos que passou estudando. Penso que, quando você é mais velho, consegue perceber melhor o pouco que ganhou com trabalho ou estudo, e que essa será sua principal fonte de arrependimento.

3
O Tempo e a Lei de Pareto

Existe uma teoria econômica muito famosa, chamada "Lei de Pareto" ou "Lei dos 80% e 20%". Ela declara que tudo pode ser expresso numa relação de oito para dois.

Para explicar isso, vamos dizer que uma companhia produz um lucro de 10 milhões de dólares. De acordo com essa lei, 80% disso, ou seja, 8 milhões de dólares, terão sido conseguidos por 20% da equipe. Isso também valeria para o caso de a companhia ter realizado vendas de 100 milhões de dólares: nesse caso, 80 milhões se deveriam ao esforço de 20% de seus funcionários.

Essa lei pode ser aplicada a várias questões. Por exemplo, se você trabalha oito horas por dia, só conseguirá realizar bastante em uma fração desse tempo. Vamos dizer que tenha de trabalhar dez horas por dia; nesse caso, então, todos os seus resultados seriam alcançados em duas horas. Essas duas horas são o único tempo em que você realmente consegue se destacar. Ou seja, apenas 20% do seu expediente de trabalho é que decide o seu sucesso, enquanto os 80% restantes não contribuem para muita coisa.

A Lei de Pareto pode ser aplicada ao trabalho, a organizações, a tudo, e significa que, seja qual for a questão, apenas 20% dela é importante.

Assim, alguém que seja capaz de controlar esses 20% conseguirá controlar os restantes 80%.

Isso vale também para a gestão de recursos humanos de uma corporação. É impossível controlar todos os funcionários numa grande empresa, mas se você consegue impor sua autoridade sobre 20%, e essas são as pessoas que ocupam postos-chave, irá controlar os outros 80%, e com isso permitirá que seu poder se estenda à equipe toda. É assim que funciona.

O mesmo pode ser dito para os negócios em geral. Para ter sucesso, é preciso fazer várias previsões e análises, mas, dentre diversos fatores de sucesso, os decisivos são os 20%. É isso o que vai fazer seu negócio andar para a frente ou quebrar. Poderíamos também chamar essa lei de "Lei da Força" ou "Lei da Ênfase". Você não deve lidar com seu trabalho de maneira aleatória, fazendo análises vagas; deve achar onde estão os 20% importantes. Ao identificá-los, descobrirá que tem uma grande capacidade de se concentrar e de realizar coisas, o que certamente o levará ao sucesso.

Podemos dizer que uma razão comum do fracasso na vida é o desejo que o indivíduo tem de alcançar a perfeição. O problema do perfeccionismo é que, ao almejar os 100%, você com frequência acaba com nada. É como num jogo de beisebol: se você tem por objetivo conseguir um *home run* a cada vez que tentar rebater a bola, com frequência acabará não conseguindo avançar nem mesmo para a primeira base das quatro.

Ao refletir sobre o que é necessário, tenha como objetivo não fazer um *home run* a cada lance, a não ser que seja o quarto rebatedor (em geral, é o melhor rebatedor do time que ocupa esta posição), pois para a maioria das pessoas basta apenas conseguir acertar a bola. Fazendo isso, colocando o foco em acertar a bola, esses 20% de esforço sem dúvida se traduzirão em 80% de sucesso.

Em outras palavras, você não deve tentar mandar a bola para fora do estádio, deve tentar apenas fazer com que o taco acerte a bola; se fizer só esse esforço, ele já terá um efeito miraculoso e permitirá que você consiga um grande número de pontos.

4
20% Decidem o Jogo

Há um monte de arremessadores muito bons na liga de beisebol americana. Suas bolas são rápidas e com muita variedade. Mas, como se pode observar, alguns deles ganham todas as partidas enquanto outros perdem. Alguns ganham quinze ou vinte jogos por ano, enquanto outros não ganham nenhum. Se fizermos uma análise atenta, veremos que os vencedores não arremessam bolas mais rápidas nem mostram maior variedade nos arremessos.

Então, o que faz a diferença? Vamos considerar as bolas do arremessador a partir da perspectiva da Lei de Pareto. Suponhamos que o arremessador lance cem bolas durante uma partida: nesse caso, a diferença entre o vencedor e o perdedor estará em vinte dessas bolas. São essas vinte bolas que lhe permitirão obter uma alta pontuação.

Uma partida é composta por nove *innings* ou turnos, então ele precisa arremessar pouco mais do que duas bolas boas por *inning*. Isso significa que a diferença entre o arremessador vencedor e o perdedor é de duas bolas por *inning*. Se não acertar essas duas bolas, perderá o jogo, e, se essas duas bolas forem boas, será o vencedor. Tudo depende de ele ser capaz de arremessar bolas boas quando achar que é o momento certo.

Em geral, no decorrer de um *inning*, o arremessador enfrenta mais ou menos quatro ou cinco batedores, e desses, dois serão oponentes perigosos; por isso, se ele for capaz de arremessar uma bola vencedora para esses dois batedores, a partida será dele. Se a bola lançada for a que o rebatedor espera, ele irá acertá-la e a partida estará perdida, mas se for uma bola inesperada, a partida terminará em vitória.

Isso quer dizer que um arremessador realmente bem-sucedido não é aquele que coloca tudo o que tem nas cem bolas que arremessa, mas aquele que se concentra em vinte bolas, ou seja, nas duas bolas por *inning* que ele acha que realmente vão contar. Se for bem nessas duas bolas, isto é, num total de vinte por partida, então obterá sucesso também em até 80% do jogo.

A essa altura, você já deve ter entendido o que estou tentando explicar. Um homem passa cerca de trinta ou quarenta anos de sua vida trabalhando na mesma companhia, e, enquanto algumas pessoas são bem-sucedidas no que fazem, outras não são.

Algumas conseguem chegar à presidência ou à diretoria da companhia, enquanto outras permanecem nos escalões mais baixos, e essa diferença é o resultado do acúmulo de seus esforços diários.

No entanto, quando digo "diários" o fato é que apenas 20% do tempo que elas passam no escritório são realmente importantes, e, se elas estiverem determinadas a ter sucesso nesses 20%, com certeza conseguirão avançar.

A maioria das pessoas não percebe a existência dessa lei e passa o tempo trabalhando com desleixo. Simplesmente fica fazendo a mesma coisa oito a dez horas por dia, e acha que com o acúmulo desse tipo de trabalho irá chegar a chefe de seção, gerente ou mesmo executivo. Mas isso não precisa ser assim. Se você avaliar a maneira como usa seu tempo em comparação com o trabalho que tem para fazer, verá que as coisas não são compatíveis.

O que você precisa é reservar cerca de duas horas por dia para produzir algum resultado definido. Se você fica no escritório das nove da manhã até cerca de sete da noite, isso quer dizer que trabalha dez horas por dia, e, portanto, precisa apenas de duas horas para deixar sua marca. Dessa forma, precisa definir quais são essas duas horas do dia em que irá fazer um esforço especial.

Dedique essas duas horas a uma tarefa particularmente eficaz, que lhe traga as maiores recompensas. Desse modo, poderá passar as oito restantes trabalhando num ritmo mediano; só precisa tomar cuidado para não cometer nenhum grande erro nesse período. Se concentrar todos os seus esforços nessas duas horas, obterá ótimos resultados.

O mesmo princípio pode ser aplicado ao trabalho de vendas. Você deve fazer um esforço máximo durante duas horas ao dia. Não faz diferença o tipo de trabalho, você deve reservar um período em que irá usar tudo o que tem à sua disposição a fim de obter resultados.

Para isso, escolha o período do dia em que possa trabalhar de modo mais eficiente e, então, mergulhe de cabeça. Se necessário, talvez você precise sacrificar suas outras tarefas de alguma forma, porém o importante é que possa se dedicar plenamente a essas duas horas, pois isso resultará em 80% de sucesso para o dia todo.

5
Crie Resultados Concentrados

Eu não ficaria surpreso se descobrisse que muitos de meus seguidores acham que passo o tempo todo do meu dia escrevendo livros. Mas na realidade não é isso o que ocorre. Gasto apenas uma pequena porcentagem de cada mês escrevendo de fato. Só que, ao fazer isso, vivo um período muito intenso.

Preciso fazer muitos preparativos a fim de ficar em condições de escrever; tenho de estudar bastante e estar sempre em boa forma física. Preciso organizar meus pensamentos e certificar-me de que minha mente esteja livre de todo tipo de apego; depois, quando as condições estão todas perfeitas, sento-me para escrever. Ao terminar, admito que me sinto tão exausto como se tivesse corrido 5 ou 6 quilômetros.

Escolho a melhor hora do melhor dia, canalizo minha atenção e uso as ideias concentradas na minha mente para escrever o livro de uma vez só.

Isso significa que tenho bastante tempo sobrando, e procuro usá-lo em preparações, lendo vários livros, a fim de ser capaz de fazer referência a eles mais tarde. Sem dúvida, é desnecessário dizer que gasto muito tempo também refletindo e meditando.

Posso dizer que a Lei de Pareto definitivamente se aplica ao meu caso. Para poder ganhar controle de 80% do meu tempo em um mês ou em um dia, aplico todas as minhas energias em 20%, e assim sou capaz de trabalhar com extrema eficiência. Essa é a chave do sucesso.

Portanto, não gostaria que as pessoas que fazem trabalhos administrativos ficassem envolvidas em serviços burocráticos, se arrastando pela vida, dia após dia. Você precisa fazer um esforço para trabalhar de modo eficiente durante duas horas todo dia. Deixe que os espíritos superiores venham até você, permita-se psicografar ou usar sua boca para fazer seu trabalho, criando assim um tempo que seja cheio de inspiração e lhe possibilite dedicar-se inteiramente ao seu trabalho.

Se você quer trabalhar em uma escala mais ampla, pode tentar trabalhar bem durante dois dias de cada dez. Você precisa criar um período de tempo em que possa concentrar seu esforço, pois isso aumenta sua eficiência para produzir resultados.

O mesmo vale para o estudo; se você apenas se senta para estudar sem muito objetivo durante dez horas por dia, nunca conseguirá muita coisa. Das dez horas que gasta estudando, só aprenderá alguma coisa durante duas delas; portanto, tente garantir que elas ocorram quando estiver no auge de sua condição física. É necessário que você faça os estudos mais importantes quando estiver na sua melhor forma.

A Lei de Pareto aplica-se até mesmo quando você está lendo um livro. Publiquei diversas obras e tenho certeza de que muita gente imagina que nunca será capaz de ler todas elas ou assimilar todos os seus ensinamentos. No entanto, de todo o conteúdo de cada livro, apenas 20% é algo realmente importante.

Você não deve tentar memorizar um livro inteiro de duzentas páginas, pois apenas umas quarenta contêm informação de fato relevante.

Portanto, o importante é aprender a selecionar essas quarenta páginas que você precisa conhecer. Essas quarenta páginas são as únicas que você precisa ler com muita atenção; quanto ao resto do livro, basta dar uma olhada geral, para ter uma ideia aproximada do que há nelas. Apenas 20% delas contêm as verdadeiras joias e o puro conhecimento, e é essa parte que você precisa assimilar bem.

O texto deste capítulo preenche umas vinte páginas manuscritas, mas a verdadeira essência do que eu tenho a dizer está contida em cerca de 20% disso, ou seja, a mensagem realmente vital está contida em apenas quatro páginas do manuscrito.

Você precisa aprender a captar a essência da minha mensagem, que equivale a umas quatro páginas manuscritas, e então memorizá-las. É o que basta para dominar o conteúdo. Fazendo isso, você será capaz de obter um conhecimento real.

O maior desperdício de tempo na vida está no tempo que você gasta trabalhando e estudando. Portanto, é fundamental que você aprenda a gerar resultados de forma concentrada nessas horas. É isso o que eu quero que você aprenda.

CAPÍTULO 8

O Potencial Humano

1
O Planejamento Concreto para Melhorar

Como podemos ver pelo título deste capítulo, vou tratar agora do potencial humano. Com certeza, alguns leitores vão achar o título um pouco vago, mas penso que não é exagero dizer que é essa própria indefinição que indica a extensão do potencial que a pessoa tem.

Sempre insisto com os membros da Happy Science que procurem aproveitar ao máximo sua capacidade, dizendo-lhes que possuem uma grande reserva de força oculta. Isso é algo que eles adquirem como consequência natural de seu despertar para a verdade do mundo espiritual, mas quero que eles tenham cuidado para não tirar conclusões simplórias a respeito.

Talvez você acredite que, ao remover as nuvens do seu coração por meio da autorreflexão e sintonizar-se com o mundo espiritual, você se torne capaz de entender os segredos tanto deste mundo como do Grande Cosmos, e que com isso elimine todas as suas preocupações pessoais. No entanto, receio que na verdade o caminho para a iluminação não seja assim tão simples.

Quanto mais a compreensão da pessoa se aprofunda, mais ela tem desejo de aprender. Quanto mais aprende sobre os sentimentos dos outros, mais profundas se tornam suas aflições. Quanto maior o conhecimento de si, maiores são as dúvidas. Assim, ao seguir pela trilha do autoaprimoramento, você encontrará vários obstáculos bloqueando seu caminho. Não creio que eles possam ser atribuídos simplesmente à obra do mal; eles têm uma origem mais corriqueira. Quanto mais seus objetivos forem elevados, abrangentes e profundos, mais você irá deparar com uma resistência equivalente. Se não tiver suficiente força ou recursos adequados, descobrirá que, quanto mais elevada sua posição, quanto mais abrangente sua visão, quanto mais profunda a compreensão que almeja obter, maior a frequência com que será confrontado com a dor.

Será que isso significa que não existe uma estratégia específica, um método definitivo para ajudar as pessoas que insistem em seguir pelo caminho do autoaprimoramento, que se esforçam sempre para melhorar, crescer e ficar mais perto do Mundo Celestial, que lutam para aumentar seu potencial? Será que não há uma maneira pela qual sua metodologia possa ser transformada em alguma forma de ensinamento mais geral e abstrato? É sobre isso que gostaria de falar agora.

2
A Força de Vontade para Abrir Caminho na Vida

O primeiro ponto que gostaria de considerar é por que as pessoas têm de lutar tão incansavelmente para se aprimorar, e vou começar dando uma resposta.

As ondas batem na praia, e então voltam, num ritmo infindável, e os seixos na praia oscilam para a frente e para trás em uníssono com as ondas. Se esses seixos tivessem mente própria, o que será que pensariam dos seus dias, dos seus anos, de sua vida?

A julgar pela maneira como se movem com as ondas, talvez eles saibam que fazem parte do grande plano da natureza; no entanto, não têm consciência de mais nada. A razão disso é que são incapazes de fazer uma única coisa que parta de sua vontade. As ondas às vezes irão empurrá-los, outras vezes arrastá-los para a frente, eles irão bater em outras pedras e aos poucos se desgastar e desaparecer, e as pedras nas quais eles batem podem ser esmagadas, mas ainda assim permanecerão como uma mera parte do fenômeno natural. A vida desses seixos, à mercê das ondas, contém pouquíssimo potencial. O máximo que eles podem esperar é acabar sendo moídos e virar grãos de areia de uma bela praia. É muito difícil ver potencial nesse tipo de vida.

Quando comparamos a vida dos seres humanos com a desses seixos na praia, que coisa você acha que merece mais sua gratidão? Penso que é o fato de que nós, humanos, temos coração, e que dentro dele reside uma força poderosa que chamamos de vontade. Somos capazes de decidir a direção que queremos tomar, e por meio do esforço podemos lançar mão das nossas capacidades para conseguir isso.

Ao contrário dos seixos, temos um coração forte e somos capazes de abrir caminho na direção que desejamos usando o poder de nossa vontade – é isso o que torna os humanos tão grandes. No que diz respeito ao potencial, sem o poder dessa vontade seríamos incapazes de abrir um caminho para o nosso objetivo.

No entanto, é interessante notar que esse poder da vontade não é algo que a pessoa traga desde o nascimento. É claro, há crianças que são obstinadas desde muito cedo, que têm um caráter decidido, mas, embora exista certamente uma diferença de temperamento nesse sentido, não é isso o que tem consequências a longo prazo, pois a força de vontade pode ser aprimorada.

No Japão, há muito tempo se diz que o poder espiritual pode ser cultivado, e que seu aspecto mais importante é a vontade. A vontade é o entusiasmo de alcançar as próprias metas, é um tipo de energia.

O entusiasmo pode ser fortalecido por meio do treino. Ele é como as ondas que empurram os seixos, mas em vez de se mover com regularidade mecânica, age como uma coisa viva, movida por uma forte vontade. Se a pessoa é decidida, sua vontade é como um músculo que lhe permite superar os obstáculos e tirar tudo do seu caminho a fim de poder seguir adiante na direção do seu objetivo.

Portanto, quando você quer conquistar algo, e quando esse algo tem a ver com a felicidade humana e essa felicidade se destina à pessoa pela qual você tem maior interesse – ou seja, você mesmo –, então você precisa fortalecer o poder de sua vontade.

3
O Inconformismo como Trampolim para o Sucesso

Então, o que você pode fazer para aprimorar sua força de vontade? No primeiro estágio, pode usar o não conformismo, embora talvez soe melhor nos referirmos a ele como uma resistência para aceitar a derrota. Há uma variedade de fatores que podem ser usados como base para criar energia espiritual, mas um dos mais poderosos é a relutância em conquistar menos do que os outros ou em admitir a derrota, e isso pode ser usado como um trampolim para dar impulso à sua força de vontade.

É algo muito previsível que nesse mundo em que vivemos, em meio a um grande número de pessoas na mesma condição que nós, onde cada uma trabalha com afinco e com uma rivalidade eterna, que alguns se saiam vitoriosos e outros fiquem como vencidos ou perdedores. É claro, não há eternos vencedores nem eternos perdedores, mas as pessoas que fracassam, mesmo temporariamente, irão sentir-se desiludidas.

O inconformismo não é necessariamente algo ruim. Quando uma pessoa perde para alguém, sente-se desapontada, mas o importante numa hora dessas é seu estado mental. Você precisa se reerguer desse desapontamento e transformá-lo em algo maravilhoso. Ele tem de ser convertido em uma emoção positiva, sublimado em algo bom. Isso é muito importante. Todos os grandes homens e heróis da história experimentaram decepções em algum momento da vida, e fizeram delas um trampolim, algo que os estimulasse a continuar a se esforçar e se aplicar.

O desapontamento é uma reação muito básica, uma emoção compartilhada por todo mundo. Se ela for dominada pelo orgulho, se levar ao desencorajamento e a uma rivalidade infindável, então é uma coisa ruim, mas pode ser usada também de modo positivo, para motivá-lo a se autoaprimorar.

Se você perceber que não está sendo capaz de sair da situação em que se encontra, que não sente vontade de melhorar e que precisa de alguma motivação, então deve pensar em usar o sentimento do inconformismo.

Pense em todas as possibilidades que já teve, em todas as capacidades que demonstrou e que, apesar de tudo, você ainda se encontra na situação em que está, com as emoções que sente no momento, e que só é capaz disso. Você não fica aborrecido com essa situação? Não sente necessidade de sair dessa letargia?

Você foi trazido a este mundo por seus pais, criado e educado com amor e, desde que começou a trabalhar, muitas pessoas nutriram grandes expectativas em relação a você.

Está satisfeito com o que foi capaz de alcançar? Tem algum sentimento de vergonha? Há pessoas com o mesmo histórico que o seu ou que vieram de circunstâncias menos favoráveis e que conquistaram mais do que você ou conseguiram se tornar um grande sucesso? Se for esse o caso, você não deve tentar atribuir seu fracasso a elas, deve dirigi-lo a si mesmo.

Com certeza você deve ter tido inúmeras chances e oportunidades que não conseguiu aproveitar bem, mas agora é hora de se arrepender de sua negligência e usar sua vergonha como estímulo para conseguir coisas melhores.

4
O Poder de Idealização

O segundo aspecto que gostaria de considerar é a capacidade de idealizar coisas. É algo que ocorre de modo bem natural dentro da mente, mas é uma emoção de certo modo mais elevada que a decepção que citei como primeiro fator.

Os jovens possuem muitas qualidades louváveis, mas penso que, de todas elas, a melhor é sua capacidade de idealizar. Essa capacidade permite ver as coisas de maneira mais positiva e faz com que a pessoa defina suas metas com possibilidades infinitas.

Qualquer pessoa que esteja sofrendo por sua condição atual, que se considere incapaz de sair de sua situação presente ou esteja resignada com a vida do jeito que se apresenta talvez padeça de falta de capacidade para fortalecer seus ideais, para idealizar coisas.

Quando um jovem é incapaz de nutrir ideais, então podemos dizer que já é uma pessoa velha, enquanto uma pessoa de 40, 50, ou mesmo 60 ou 70 anos, cujo espírito é ainda fresco e que não perdeu seus ideais, pode ser considerada alguém que ainda tem a juventude nas mãos.

Criar um ideal e ter a força de persegui-lo, ser capaz de idealizar uma variedade de coisas. É uma espécie de talento, e para fortalecê-lo é importante que você nunca deixe esse sentimento sair da sua mente. De fato, muitas das coisas que consideramos importantes quando somos jovens aos poucos são postas de lado pela pressão da sociedade, e se tornam como os seixos da praia, à mercê das ondas e das marés. Quando a pessoa chega aos 30, 40 anos ou mais, seus ideais já foram esmagados a ponto de virarem grãos de areia. Portanto, gostaria que você olhasse de novo para sua vida e tentasse se lembrar dos sonhos que o motivaram quando era adolescente ou bem jovem. A que você aspirava? Quais eram seus ideais? Fossem quais fossem, com certeza eram algo para o qual você demonstrava talento.

Que tipo de ideal era? Por que você o abandonou? Quero que reflita sobre seus ideais dessa forma. Houve mesmo uma boa razão para você abandonar esses ideais? O que o levou a perdê-los? No ambiente em constante transformação em que vivemos, por que você nunca conseguiu alimentar um novo ideal? Por que não tentou criar algum? Foi por preguiça e desinteresse? Esforço não quer dizer necessariamente dar duro todo dia no seu trabalho; o que você acha que é necessário para agarrar-se a um ideal?

Essas são as perguntas que você precisa fazer a si mesmo. Há muitas pessoas que não aproveitam sua capacidade de criar ideais e, como resultado, esses ideais vão murchando dentro delas. Elas precisam se lembrar de que já tiveram essa capacidade, e precisam recuperá-la e aprimorá-la.

5
Disposição para Se Sacrificar pelo Sagrado

O terceiro fator é estar preparado para servir a algo de uma ordem mais elevada – em outras palavras, uma disposição para se sacrificar pelo que é sagrado. Este é um conceito muito importante. Se as pessoas se limitam a ter uma vida ao nível individual, nunca experimentarão uma grande energia brotando de seu interior. Se essa busca por felicidade se restringir ao nível pessoal, elas nunca encontrarão o tipo de grande energia que é capaz de chamar a atenção dos outros. Esse tipo de energia capaz de mudar o mundo não se manifesta naqueles cujo pensamento está limitado à autoafirmação.

O tipo de energia que pode mudar a sociedade brota de uma disposição para se sacrificar por algo sagrado. É uma determinação de oferecer seu corpo em prol de algo superior. De dedicar sua sabedoria, sua força e sua experiência para levar essa causa adiante.

Existem várias ocasiões na vida em que a pessoa precisa fazer algo que poderíamos comparar a se jogar do alto de um penhasco, e é nessas horas que nossa coragem é testada. Como disse Confúcio: "Se um homem conhecer o Caminho de manhã, poderá morrer à noite sem se arrepender". Penso que esta frase resume muito bem esse conceito.

Saiba que, oculta nas profundezas do coração de cada pessoa existe uma luz pura, uma disposição para sacrificar a própria vida em prol de algo sagrado, sem nenhum traço de arrependimento. Gostaria que todos procurassem essa fonte sagrada de energia no próprio coração.

Há uma coisa que permite a você descobrir essa fonte sagrada de energia. É algo que todos aqueles que passaram por uma experiência religiosa já sentiram: a "conversão".

Nossa vida começa no nascimento, depois somos educados e nos tornamos membros da sociedade. Levamos a vida de acordo com nossos valores pessoais, mas a certa altura nos encontramos diante de uma barreira intransponível e ficamos sem saber como agir.

Você vive a vida esquecido do seu verdadeiro eu, pensando superficialmente ou deixando que outras pessoas influenciem sua maneira de viver, mas um dia você chega a um impasse que o obriga a romper sua casca. É isso que se chama conversão. A conversão de São Paulo na estrada para Damasco é uma história muito conhecida, mas diferentes pessoas passam por diferentes formas de conversão.

Estou certo de que muitas pessoas têm uma série de limitações que lhes foram impostas. No cotidiano, todos nós temos vários vínculos e restrições que causam à nossa alma um sofrimento infindável. Na verdade, pode-se dizer que o espaço dentro do qual cada pessoa vive é como uma pequena prisão. É nada mais do que uma pequena masmorra cavada na rocha viva. Portanto, não se deve pensar neste mundo como se ele fosse tudo.

Quando você se sentir encurralado num canto e incapaz de progredir por meio da própria força, um raio de luz irá brilhar do céu e acabar com todos os obstáculos. Os Espíritos Superiores estão aguardando esse momento, esperando que você alcance seu limite e não tenha outra saída a não ser tornar-se adepto de algo grandioso. Quando isso ocorrer, cada indivíduo será convidado a entrar em um mundo vasto, um mundo que jamais experimentou antes, e neste mundo você será agraciado com uma grande liberdade.

Nem é preciso acrescentar que, depois que tiver conseguido dar esse salto e passar a se identificar não mais com seu "eu" corpóreo mas com seu "eu" espiritual, você será agraciado com uma grande força.

6
Viver em um Mundo de Iluminação Espiritual em Seu Atual Corpo

Além de fortalecer sua força de vontade, também é importante que você mude sua maneira de olhar para as coisas. Ou seja, você precisa adotar uma nova perspectiva. Até agora, provavelmente você tem enxergado a si mesmo como uma pessoa com certa altura e certo peso, mas, à medida que começar a despertar espiritualmente, será capaz de se observar de um ponto de vista externo. Verá a si mesmo a partir do Grande Mundo Espiritual, desde o Mundo Celestial, pelos olhos dos Espíritos Superiores, pelos olhos de Buda/Deus, e irá aos poucos conhecendo a si mesmo e vivendo nesse tipo de mundo.

Acredito que o verdadeiro potencial de uma pessoa é poder se expressar da mesma maneira que o faria no Mundo Real, mesmo enquanto ainda está vivendo aqui, no reino da terceira dimensão. É maravilhoso ser capaz de viver a vida de um residente do Mundo Real, porém estando ainda na forma corpórea. Mas é importante que você leve um tipo de vida que não seria motivo de vergonha ou desonra se você estivesse no Mundo Celestial, e não neste mundo.

Um ponto importante quando se chega a esse estágio é não ver este mundo tridimensional, fenomênico, como desvinculado do Mundo Real, mas pensar em cada um desses mundos como extensão um do outro. Se você usar todo o mal como alimento para reflexão, empenhando-se em transformá-lo em bem, descobrirá que uma maravilhosa Utopia se abrirá à sua frente.

Você está sendo testado todos os dias, para ver se merece ser admitido no Mundo Celestial e residir ali como um de seus habitantes. Não importa o quanto o ambiente em que você se encontra seja difícil e dominado pelo descontentamento e pela insatisfação; mesmo assim você deve ser capaz de levar uma vida plena e feliz, cheia de possibilidades. É esse o tipo de vida que você deve almejar.

Descubra as infinitas possibilidades que estão contidas dentro das circunstâncias com as quais você tem de conviver, descubra o infindável Mundo Celestial, descubra a luz infinita. Quando conseguir isso, vai perceber que todos os seus problemas estão resolvidos e que tudo parecerá convidá-lo à felicidade.

A felicidade e a Utopia não são coisas que você deva procurar em lugares distantes. Podem ser encontradas aqui e agora. Estão com você agora, e como sempre insisto em dizer, tudo o que você tem a fazer é abrir os olhos para ver a Utopia que se estende à sua volta.

Capítulo 9

Viver com Reservas Acumuladas

1
Ter Reserva Espiritual Evita Pensamentos Negativos

Você já aprendeu por meio da Verdade de Buda ou de Deus que as queixas, as insatisfações, os desejos incontroláveis, a inveja e a raiva são coisas ruins. No entanto, penso que são poucas as pessoas que reclamam tendo de fato a intenção de fazê-lo; o mais comum é reclamar por hábito. Também creio que, quando as pessoas reclamam sem pensar, ficam bastante contrariadas por sua falta de controle. Neste capítulo, quero mostrar como esse tipo de doença do coração, esse tipo de pensamento negativo, pode ser evitado.

Vamos falar primeiro das reclamações. Você deve procurar criar um ambiente no qual não fique tentado a se queixar. Isso irá poupá-lo de sentimentos desagradáveis e ajudará a evitar que sua vida fique em desarmonia. Mas como fazer para garantir que esses pensamentos negativos não se intrometam? Posso resumir dizendo que você deve ter reserva espiritual. As pessoas que têm essa reserva não se queixam, não se deixam levar tão rapidamente pela raiva. São as pessoas que não têm reserva no coração que logo perdem a tranquilidade. Ao mesmo tempo, elas tendem a ter uma visão estreita.

O mesmo pode ser dito de quem tem inveja dos outros. Se você tem confiança suficiente em si mesmo, se é magnânimo em relação aos outros, dificilmente terá preconceitos contra eles. Se tiver autoconfiança e tolerância, dificilmente sentirá ciúme ou inveja.

Vamos pensar sobre as reclamações. Por que as pessoas gostam de reclamar? Porque sentem uma distância entre o que gostariam de ser e o que realmente são. Mas se a realidade supera o ideal, então não há absolutamente motivo para se queixar. O mesmo vale se a realidade e o seu ideal são idênticos. Portanto, você deve tentar fazer com que a vida real seja mais maravilhosa do que a vida que idealiza, porque assim não terá nada que o faça se sentir insatisfeito. Se pensar desse modo, se houver alguma reserva disponível em seu coração, verá que, seja qual for a questão envolvida, você não ficará inclinado a ter pensamentos negativos.

2
As Experiências da Infância Formam a Base de Sua Vida

Tenho certeza de que todo mundo se lembra ocasionalmente de quando era criança, por exemplo, das férias de verão. Quando as férias começavam, você tinha pela frente quarenta dias sem aula, ficava feliz com isso e ia correndo para casa, com um sorriso no rosto, para guardar a mochila da escola e desfrutar a recém-conquistada sensação de liberdade. No entanto, as semanas passam depressa e a volta às aulas vai ficando cada vez mais perto. Percebem-se sutis mudanças no clima à medida que a estação vai terminando. Quando a volta às aulas está bem próxima, as crianças começam a ficar um pouco deprimidas. Os pais já pressentem que as aulas se aproximam de novo, e então chega o dia em que eles querem saber se os filhos já concluíram os deveres de casa.

Claro, as crianças não terão feito nem a lição de casa nem o projeto de trabalhos manuais que lhes foi pedido e estarão perdidas, sem saber por onde começar. Isso vai lhes parecer um dilema insolúvel e elas vão sentir vontade de chorar. A primeira reação será pedir ao pai que participe do projeto de trabalhos manuais, enquanto a mãe poderá dar uma ajuda com a lição de casa. Isso assinala o início de toda uma vida de dependência dos outros.

Se o pai for uma pessoa generosa, poderá dizer: "Tudo bem, como vocês só têm cinco dias, vou dar uma mãozinha". Mas, se não tiver um coração diligente, poderá simplesmente se recusar a ajudar dizendo que está muito ocupado com seu trabalho. Desse modo, a importância de receber ajuda dos outros já entrará em casa bem cedo para as crianças.

À medida que o fim das férias se aproxima, elas começam a ligar para os colegas, perguntando se podem copiar sua lição de casa, ou combinando para trabalhar em grupo e dividir a tarefa entre elas. No entanto, muitas vezes as coisas não vão tão bem quanto elas esperam e os três últimos dias de férias podem virar um verdadeiro inferno. Algumas crianças podem optar por uma abordagem mais audaciosa e decidir simplesmente copiar as respostas da lição de algum colega ao voltarem para as aulas. Vemos dessa maneira como diferentes estilos de vida já se estabelecem desde cedo.

Se uma centena de pessoas for relembrar sua infância, quantas delas serão capazes de dizer honestamente que faziam toda a lição de férias que lhes havia sido pedida? Acho que já seria surpreendente se três dessas cem afirmassem que faziam toda a lição. É um fato: não é fácil se engajar na lição de férias.

Não é fácil se obrigar a parar e trabalhar quando todos os seus amigos estão brincando lá fora. Quando há essa promessa de liberdade, é muito difícil se forçar a trabalhar – pode-se dizer que este é um problema comum à humanidade inteira. Mesmo que você saiba que irá sofrer as consequências mais tarde, é muito difícil não se entregar à sensação de liberdade que está ali à mão.

O que muitas pessoas não percebem é que essa experiência de infância serve de padrão para o resto da nossa vida. Vivemos uma experiência semelhante quando estudamos para o vestibular. Pessoas que são boas nos estudos geralmente estudam até mesmo as matérias que só serão dadas no semestre seguinte e, em alguns casos, estudam matérias que só serão vistas dali a dois semestres, ou seja, no ano seguinte. Esse tipo de pessoa costuma se destacar muito na escola.

Por outro lado, há indivíduos que gostam de deixar tudo para a última hora. Por exemplo, aqueles que tentam aprender tudo na noite anterior à prova, ou que só decidem estudar, em ritmo bem lento, depois que a prova já foi feita. Pessoas assim costumam demorar a aprender as coisas e também têm o hábito de adiá-las.

Acho que muitas pessoas funcionam segundo esse padrão e que, dependendo da maneira como elas encararem a vida, seu futuro já estará em certa medida determinado. Claro, você não precisa passar a vida inteira correndo apressado de lá para cá como uma lebre. Também há o estilo tartaruga, daqueles que se movem sempre segundo o seu ritmo, sem nunca se apressarem.

Na fábula de Esopo "A Tartaruga e a Lebre", esta última corre a mil por hora, mas quando faz uma pausa para uma sesta ao meio-dia é ultrapassada pela tartaruga. Ao vermos as coisas a curto prazo, o estilo de vida da lebre é muito recomendável, no mínimo porque a ideia de tirar uma soneca na hora do almoço é um grande achado.

Quando as pessoas pensam em preocupações, geralmente se referem a algo que está bem próximo no tempo. É muito raro preocupar-se com algo que só poderá ocorrer em algum ponto distante do futuro. Na maioria dos casos, as pessoas que têm uma crise de ansiedade estão preocupadas com algo que lhes diz respeito no presente. Pessoas ansiosas por alguma coisa que pode acontecer daqui a várias décadas ou são muito destacadas em algum aspecto ou estão a caminho de um colapso nervoso. Quase sempre, as preocupações das pessoas estão ligadas a coisas que as afetam no presente, nas semanas seguintes ou no máximo no prazo de um ano.

Portanto, se for essa a situação, talvez seja uma boa ideia ir contra o senso comum e viver como uma lebre. Ao ficar sempre ocupada correndo de um lado para outro ou tirando uma soneca, a lebre tem pouco tempo para preocupações.

Em muitos casos, as pessoas que tendem a abrigar pensamentos negativos são aquelas que gostam de resolver tudo na última hora. Comportam-se como crianças que deixam a lição para ser feita no último dia de férias e, então, fazem tudo em pânico, na maior correria, ou como os estudantes que querem entrar na universidade e só começam a estudar uma matéria um ano depois de seus colegas. Você deve se perguntar se isso se aplica a você, e, se a resposta for sim, tenho certeza de que será capaz de fazer novas descobertas a respeito de si mesmo.

3
Tome Providências Antecipadamente

A essa altura, provavelmente você já descobriu para onde estou levando meu raciocínio. A fim de eliminar suas preocupações com qualquer coisa pelos próximos seis meses, você precisa aumentar o ritmo de sua vida. Em outras palavras, é importante que você se torne o tipo de pessoa que se prepara para seus estudos com antecedência. Se você lidar com tudo antes que surja a necessidade, verá que automaticamente sua vida ficará bem mais fácil. Por exemplo, você não precisa esperar até o último prazo e depois ficar em pânico para fazer o que precisa ser feito. Em vez disso, tente providenciar tudo com antecedência.

Vou dar um exemplo. Tenho certeza de que a maioria das pessoas acha que é suficiente começar a trabalhar na cozinha cerca de uma hora antes de servir a refeição, mas tem gente que faz preparativos para o almoço já na noite anterior. Ou seja, além de cozinhar o jantar, ao mesmo tempo já deixa alguns itens prontos para o almoço do dia seguinte. Desde que, é claro, não sejam ingredientes que possam estragar ou ficar rançosos, não há razão para não deixá-los preparados de véspera. Os legumes terão de ser descascados e fatiados para o jantar, então por que não aproveitar e fazer um pouco mais para o almoço do dia seguinte? Na verdade, você pode pensar no cardápio da semana inteira e comprar todos os ingredientes necessários e preparar a comida, poupando esforço.

Será que isso se aplica a você ou você é uma daquelas donas de casa que corre de lá pra cá em pânico pouco antes da hora do almoço tentando preparar a comida e depois repete o mesmo processo lá pelas cinco da tarde para cozinhar o jantar? Nesse caso, talvez isso ocorra porque você não consegue planejar as refeições do dia seguinte, ou então não é ativa o suficiente para já planejar o cardápio da semana.

Se você for capaz de planejar o cardápio da semana, no mínimo isso lhe dará mais espaço para suas atividades do próprio dia ou do dia seguinte. Se conseguir planejar para o dia seguinte, isso lhe permitirá ser mais eficiente no dia de hoje. Muitas vezes penso que a maioria das donas de casa do mundo inteiro é incapaz de planejar assim, com antecedência.

Se você começa a cozinhar a refeição uma hora antes de servi-la, pode ser que seus filhos tenham algum tipo de problema ou que você receba uma visita inesperada, e isso atrapalhará sua programação e criará pânico. Outro exemplo: se você não planeja suas compras de modo adequado, mas simplesmente pega a sacola e sai andando pelas lojas quando sente vontade, com frequência vai descobrir que voltou para casa sem ter comprado algum item de que precisava e terá de ir ao mercado de novo. Será que isso nunca acontece com você?

Tenho certeza também de que muitas donas de casa se queixam que seus maridos são desleixados. Dizem que o marido volta para casa do trabalho, vai tomar banho e deixa a roupa usada espalhada em qualquer lugar. Tudo aquilo em que ele põe a mão fica bagunçado, e é como se a mulher tivesse mais uma criança em casa, se vendo forçada a passar o tempo todo atrás do marido.

No entanto, mesmo que você esteja em uma situação como essa, é possível planejar com antecedência. A primeira coisa a fazer é observar os padrões de comportamento do seu marido e analisar seus hábitos. As carpas são peixes que nadam em grupo, e, portanto, é muito fácil adivinhar em que parte do lago elas estarão daqui a pouco. Do mesmo modo, seu marido provavelmente tem padrões definidos de comportamento, e você pode prever o que ele irá fazer quando voltar para casa. Se você souber quais são esses padrões, será simples preparar-se de antemão a fim de evitar que ele faça bagunça.

Quando ele chegar em casa, diga: "Por favor, troque de roupa aqui e ponha a roupa suja ali. Pendure o terno ali e guarde a gravata aqui". Desse modo, você pode fazê-lo adotar novos padrões de comportamento e ir fixando-os até que ele automatize tudo. Por exemplo, você pode fazê-lo trocar de roupa na lavanderia. Se ele tem o hábito de ficar andando pela casa enquanto tira a roupa de trabalho, deixando as peças espalhadas por todo canto, você pode treiná-lo para que coloque todas as roupas na lavanderia. Se não, ficará eternamente catando as roupas dele, e isso vai criar todo tipo de estresse.

Uma pessoa que está sempre preparada com antecedência consegue lidar com qualquer situação. Vamos voltar àquele caso das crianças que não conseguem terminar a lição de férias no prazo. Você já sabe que elas vão descobrir que estão atrasadas para aprontar a lição quando já não houver mais tempo para isso – afinal, você fazia o mesmo quando criança. É muito comum as crianças ficarem em pânico pouco antes da volta às aulas, dizendo que não serão capazes de executar a lição de férias; portanto, você deve reverter isso e certificar-se de que farão tudo com tempo de sobra. Por exemplo, proponha que, se elas terminarem a lição quinze dias antes da volta às aulas, você irá levá-las a um passeio, até algum parque de diversões ou à praia, como recompensa. Assim, você garante que elas farão tudo a tempo.

É importante que você estimule nelas esse tipo de comportamento. Assim, não terá de ficar irritada com seus frenéticos pedidos de ajuda ao final das férias, e poderá viver com mais tranquilidade.

4
A Importância da Estabilidade Financeira

Existem vários outros aspectos da vida que podem se beneficiar muito com uma preparação antecipada, como as despesas da casa, por exemplo. Imagino que quase todas as donas de casa ficam apreensivas quando se aproxima o dia em que o marido recebe seu salário, porque já ficaram sem dinheiro para cobrir as despesas da casa. Elas mal conseguem esperar que saia o pagamento, pois não sobrou nada para comprar comida; mas assim que o salário entra, elas dão aquele suspiro de alívio e então gastam tudo sem pensar no que vai acontecer no final do mês. Esse ciclo se repete mês após mês, e o que é necessário nesse caso é planejar como o dinheiro deve ser usado ou poupado, além de ter um pouco mais de previsão.

No passado, estudei as obras do doutor Seiroku Honda (1866-1952), um economista que desenvolveu sua atividade nos períodos pré e pós-guerra e que, entre outras obras, escreveu *O Segredo do Sucesso na Vida*, publicado pela Jitsugyo no Nihon Sha. Ele praticava o que chamou de "método da dedução dos 25%" e, embora continuasse lecionando na Universidade de Tóquio, foi apontado pelo Departamento de Impostos como tendo uma das maiores rendas do país. Antes da guerra, ele fez dezenove viagens ao exterior e publicou bem mais de trezentos livros, sendo muito reconhecido tanto no aspecto financeiro como nas questões terrenas.

Quando jovem, Seiroku foi estudar na Alemanha, e um de seus professores afirmou repetidas vezes que uma base financeira estável era um pré-requisito essencial para quem queria dedicar a vida aos estudos. Ele disse: "A principal razão pela qual os acadêmicos não conseguem estudar aproveitando todas as suas potencialidades é porque têm limitações econômicas. Uma pessoa não pode ser totalmente ativa se sofre de falta de fundos, se não consegue comprar livros e não tem um bom lugar para guardá-los depois de adquiri-los, se não tem como pagar o aluguel de um espaço ou de uma sala. Ela ficará cada vez mais pobre e com isso perderá a oportunidade de ser mais produtiva".

E completou: "Quando você voltar ao Japão, a primeira coisa que deve fazer é melhorar sua condição financeira. Deve criar um plano para sua vida e se esforçar para acumular riqueza. Essa riqueza, uma vez conquistada, será a chave do seu desenvolvimento acadêmico".

Depois de receber esse conselho, Seiroku voltou ao Japão e se dedicou a segui-lo, e o método básico que empregou foi poupar sempre 25% de tudo o que ganhava. Mesmo que ficasse sem dinheiro no final do mês e sua família tivesse de comer apenas arroz, todos apoiavam seu plano e não se queixavam. Qualquer dinheiro a mais que ganhasse, vindo de alguma premiação ou de um rendimento inesperado, era colocado diretamente no banco, e quando suas economias alcançavam certo volume eram investidas com sabedoria, até que seus ganhos de capital aos poucos superaram seus outros rendimentos. Assim, foi capaz de construir uma base financeira extremamente estável.

Nunca ouvi falar de nenhum outro professor da Universidade de Tóquio que tenha conseguido ficar entre os que mais ganhavam no país, e acho que isso demonstra o cuidadoso planejamento e esforço de Seiroku Honda para criar uma base financeira estável. Como em qualquer outra coisa, se você quer conquistar uma boa condição financeira, precisa começar poupando.

No entanto, quando olhamos para a vida contemporânea, é óbvio que a maioria das pessoas coloca mais ênfase no consumo do que na poupança. Elas fazem compras com base no dinheiro que esperam receber no futuro, e não com o dinheiro que têm no momento, e podemos atribuir isso ao fato de que a razão foi suplantada pelo desejo. A ideia de confiar num rendimento futuro para obter bens agora só pode ser descrita como a economia do Inferno.

Muitos vendedores e outros homens de negócios apoiam esse tipo de economia infernal dizendo: "Compre agora e pague apenas quando receber" ou "Você pode pagar em parcelas, então por que não ter agora em vez de mais tarde?". Desse modo, a economia orientada para o endividamento ganha impulso.

No entanto, seja qual for a teoria econômica em voga no momento, não há como escapar do fato de que as pessoas devem viver dentro das suas possibilidades e, ao mesmo tempo, reservar certa porcentagem de sua renda; isso é o que podemos considerar um estilo de vida celestial.

Não importa o quanto as tendências mudem, o princípio básico não se altera, permanece imutável, seja qual for a estrutura econômica predominante. Poupar dinheiro, deixar um capital para o futuro, isso é o que permite alcançar uma vida com espiritualidade.

Embora outras pessoas façam com que pareça atraente viver endividado ou expliquem o quanto isso é vantajoso em termos de taxação de impostos, é inegável que nesse caso há um fluxo negativo de dinheiro e que você estará hipotecando seu trabalho futuro em troca daquilo que pode ter agora. Você estará usando sua capacidade de trabalho futura como uma garantia do empréstimo. Isso leva a sentimentos de inquietação e ansiedade em relação ao futuro; você passa a se preocupar com a saúde ou a duvidar se será mesmo capaz de trabalhar no futuro. Como resultado, ficará lutando sempre para fazer frente aos compromissos assumidos.

Há pessoas neste mundo que dizem que não sabem trabalhar sem ter dívidas para motivá-las, mas esse tipo de pessoa jamais se tornará realmente bem-sucedida.

Gostaria de me dirigir não só às donas de casa entre os meus leitores, mas também aos seus maridos quando digo que meu desejo é que vivam dentro dos limites dos seus rendimentos e guardem um pouco todo mês. Poupar para o futuro e viver uma vida economicamente prudente abre um caminho para o desenvolvimento. Ninguém consegue ficar rico sem poupar. As pessoas que não compreendem esse conceito acabam gastando todo o seu dinheiro, não importa o quanto ganhem e, como resultado, terminam sem nada.

5
Primeiro Crie a Postura Mental Correta

Gerar reservas para o futuro requer a mesma postura mental que poupar dinheiro. Alguém que seja bom poupando também será bom em gerar reservas em outros campos. É importante que você sempre providencie com antecedência um estoque das coisas de que irá precisar no futuro.

Por exemplo, ao criar um filho, considere o que irá ocorrer dentro de seis meses, um ano, ou até mais tempo, e depois pense na relação entre as finanças domésticas e o custo de criar um filho. Isso é muito importante. Você pode se perguntar o que precisa fazer a fim de gerar reservas para o futuro, e a resposta é muito simples: você precisa pegar todo o excedente de tempo, dinheiro e inteligência que tiver no momento e usá-lo de modo que lhe traga um retorno futuro. Tem de investir isso em algo que com certeza lhe traga um benefício futuro.

O mesmo pode ser dito a respeito do estudo da Verdade de Buda ou de Deus. Você nunca será capaz de alcançar a iluminação se tiver pressa em seus estudos. A iluminação só pode ser alcançada por meio de um progresso constante, estágio por estágio.

Isso também se aplica à saúde. Se você só procura um médico quando fica de cama, talvez seja tarde demais. Precisa procurar ajuda médica nos estágios iniciais e tomar precauções para evitar ter um colapso ou adoecer seriamente. Você pode se perguntar o que deve fazer para conseguir isso, e a resposta tem duas partes. Primeiro, você precisa ter um corpo saudável; segundo, deve descansar bastante, antes que acabe exaurindo suas reservas físicas. Só isso já será suficiente, mas com muita frequência as pessoas de hoje não seguem essas regras simples. Elas se recusam a diminuir o ritmo de trabalho ou de autossatisfação, e não pensam em descansar, até que acabam caindo doentes.

É um fato que a maioria das preocupações que atormentam as pessoas hoje em dia decorre de exaustão física ou mental. Se não existisse essa coisa chamada exaustão, 80% das preocupações das pessoas desapareceriam. A maior parte das preocupações é gerada pela exaustão, e, sendo assim, o simples fato de evitar esgotar suas reservas de energia torna-se essencial para evitar preocupações.

A fim de prevenir a exaustão você precisa pensar em maneiras de trabalhar que evitem o excesso de cansaço. Para isso, não tente lidar de uma só vez com todos os problemas que aparecerem: procure dividi-los em partes menores. Antes de esgotar todas as suas reservas de energia, é importante que você tire um tempo para descansar. O descanso é essencial. Há muitas pessoas que se tornam tão empobrecidas espiritualmente que não são mais capazes de cuidar de si nem se importam mais em prover o necessário descanso. Trabalham em excesso até ficarem à beira de um colapso. O mais importante, porém, é compreender que, ao alcançar determinado ponto, você tem de achar um jeito de descansar. Este é o segredo de uma vida longa e produtiva.

Pessoas muito ocupadas e que têm tarefas inadiáveis devem estabelecer ritmos e ênfases diferenciados no trabalho. É importante tentar fazer tudo com dedicação, mas você não será capaz de manter isso indefinidamente. Portanto, concentre seu esforço nos trabalhos mais importantes e leve com tranquilidade as tarefas menos importantes.

Em outras palavras, o problema se resume em saber acumular reservas. Pense nessa questão, e verá que há inúmeras maneiras de conseguir isso. Tudo o que você tem a fazer é certificar-se sempre de que está preparado com bastante antecedência. Você precisa se tornar o tipo de pessoa que sempre se mantém um passo à frente.

Comece criando a postura mental adequada. Quando tiver decidido se tornar alguém que se prepara com bastante antecedência, descobrirá que é capaz de conceber todo tipo de ideia para levar isso adiante. Depois que criar reservas, verá que é capaz de viver sem se queixar, sem ficar descontente. Não sofrerá mais com raiva ou inveja, e esse é o tipo de vida celestial que eu gostaria que todos tivessem.

Capítulo 10

O Segredo de uma Vida Saudável

1
Cada um É Responsável por Cuidar da Própria Saúde

Ter um estilo de vida saudável é um dos aspectos mais importantes de nossa existência. A vida nos apresenta uma série de problemas. Somos afetados por todo tipo de pensamentos negativos, preocupações e dores, mas o que nos permite superar tudo isso é um estilo de vida saudável. Além de ser a chave para resolver os problemas, acima de tudo contribui para evitar que outros apareçam. Todos sabem por experiência própria que alguém muito apto fisicamente e transbordando de energia terá muito menos preocupações do que um indivíduo frágil.

A pessoa que nutre muitas preocupações costuma ter distúrbios do estômago, ser nervosa e manter sempre a testa franzida. Com certeza você conhece alguém que se encaixa nessa descrição, pois se trata de um estereótipo e é um fato que essas pessoas estão sempre criando novas preocupações para si mesmas. Gostaria que elas se tornassem mais abertas de coração, que adotassem uma atitude mais positiva e enérgica e criassem uma vida nova, baseada na aptidão física. Para isso, neste capítulo vou explicar o segredo de uma vida saudável ou, dito de outra maneira, indicar de que modo podemos restaurar nossas energias.

No entanto, antes de explicar em detalhes como ter um estilo de vida saudável, gostaria primeiro de expor o quanto é valioso manter-se em boa forma.

Quando você faz uma viagem de trem, precisa mostrar seu bilhete na cancela, antes que lhe seja permitido acesso à plataforma, para provar que pagou pela viagem antecipadamente. Se não tiver pagado, não terá permissão de embarcar no trem. Do mesmo modo, quando o espírito desce para viver num corpo humano, precisa "pagar" para usar o corpo, mais ou menos como você faria para viajar de trem ou de navio. Como irá viajar pela vida usando um invólucro humano, o espírito precisa fazer um pagamento antecipado; se pagasse depois, ficaria muito caro.

Por exemplo, se você embarca num trem sem o bilhete, quando for pagar, mesmo que tenha tomado o trem na metade do trajeto, em muitos casos será obrigado a pagar pelo trajeto inteiro. Com a saúde física ocorre algo similar: se você decide pagar depois, descobrirá que o preço excede muito qualquer coisa que você tenha imaginado. Podemos pensar na saúde física nos termos de quem compra um bilhete de trem.

Então, o que é que corresponde à tarifa do trem? Uma parte da tarifa é sua saúde quando nasce. À medida que cresce e adquire autonomia em relação aos seus pais, precisa assumir responsabilidade por sua própria saúde. Quando você é criança, os pais têm um papel fundamental na sua criação, mas depois que atinge a maioridade, deve assumir essa responsabilidade.

A primeira coisa que você precisa decidir é até onde pretende levar essa viagem particular e manter esse objetivo em mente. Viver até os 70 anos equivale a uma viagem de 70 quilômetros, viver até os 100, a uma viagem de 100 quilômetros. Ou melhor, é mais do que isso: viver até os 70 é como fazer uma viagem de 700 quilômetros, e talvez seja até como uma viagem de 70 mil quilômetros. Viver até os 100 anos, ainda mais.

Para uma viagem desse porte, é preciso fazer vários preparativos, e o mesmo vale se você pretende ter uma vida saudável: os preparativos serão exatamente os mesmos exigidos para uma longa viagem.

2
Separe Parte de Seus Ganhos para Cuidar da Saúde

Embora isso possa parecer estranho se você for uma pessoa religiosa, o primeiro pré-requisito para uma vida saudável é o financeiro. Isso é muito importante. É essencial que você esteja preparado para não relutar em fazer nenhum gasto financeiro que seja necessário à sua saúde. Se não estiver preparado para fazer o investimento no início, ele vai sair bem mais caro depois.

Você deve encarar qualquer dinheiro investido em sua saúde como uma despesa necessária. Pode considerá-lo como o carvão indispensável para manter em andamento uma locomotiva a vapor. Em outras palavras, a base de seu raciocínio deve ser que qualquer bem ou dinheiro que investir na sua saúde estará sendo bem aplicado.

Que porcentagem de seus ganhos mensais você investe na saúde? Essa é a questão que eu gostaria de analisar agora. A vida nas cidades é o pior fator que afeta a saúde. O trabalhador médio de escritório, que acorda cedo e depois fica bebendo até tarde da noite, sabe muito bem que não faz exercício suficiente. Está sempre frequentando festas ou jantares de negócios, e em muitos casos isso faz com que engorde como se fosse um frango de corte numa granja. Esse tipo de pessoa não hesita em gastar dinheiro no jogo, em bebida e em outras diversões, mas quanto gasta para se exercitar? Esse talvez seja um bom tema para reflexão.

É uma pergunta que a maioria das pessoas não costuma fazer. Quase todo o mundo é capaz de dizer quanto exercício faz na semana, mas poucos param para pensar em quanto dinheiro investem na própria saúde. Assim, podemos usar essa maneira de pensar como um método para controlar a saúde. Por exemplo, se você ganha, digamos, 3 mil reais por mês, pode reservar 10% para construir uma vida saudável. Isso quer dizer que terá 300 reais para melhorar sua saúde e, portanto, precisa ver de que modo irá aplicar essa quantia.

Você pode usar esses 300 reais por mês de várias formas. Pode, por exemplo, frequentar uma academia para se exercitar ou nadar. Depois, há aquela atividade favorita dos funcionários de escritório japoneses, o golfe. Se achar que fica muito caro, pode sempre andar ou correr, já que isso não envolve nenhum gasto. No entanto, embora haja diferentes maneiras gratuitas de se manter em forma, às vezes elas não são muito prazerosas e, portanto, fica difícil executá-las por períodos prolongados. O problema de andar ou correr é que poucas pessoas conseguem manter isso como atividade contínua, e o mesmo vale para pular corda.

Por isso, digo que as pessoas que têm condições para isso devem estabelecer o hábito de reservar certa quantia de seu salário todo mês para gastar com a saúde. Claro, se a pessoa faz exercício físico regularmente e tem boa saúde, pode usar seu dinheiro de outra forma; por exemplo, pode empregá-lo para descansar. E também para comer pratos deliciosos que normalmente não teria condições de pagar.

Não importa onde você decida aplicar essa quantia, gostaria que você a reservasse do seu salário todos os meses, pois penso que essa é a melhor maneira de se manter saudável. Este é o primeiro método.

3
Reserve um Tempo para Se Exercitar

Obviamente, há pessoas que não têm condições de gastar dinheiro com a saúde. Portanto, gostaria de oferecer outra opção – se você não pode usar dinheiro, então em vez disso use seu tempo.

Por exemplo, se você não tem como pagar uma academia, a única alternativa é compensar isso com seu tempo. Você pode acordar meia hora mais cedo todos os dias e utilizar esse período para se exercitar antes de ir para o trabalho, e também reservar algum tempo nos fins de semana. São muitos os esportes cuja prática não requer dinheiro. Claro, o mais simples é andar, mas além dele há outros que exigem apenas um equipamento básico, como pular corda, treinar com um taco de beisebol ou de golfe e muitas outras atividades.

Para manter esse tipo de exercício de baixo custo pelo maior tempo possível, é importante que você se reúna com o maior número possível de pessoas com o mesmo objetivo. Se tentar fazer isso sozinho, verá que logo a atividade se tornará penosa e você tenderá a desistir; portanto, é necessário encontrar outras pessoas que possam praticar com você. Por exemplo, o casal ou então a família toda pode entrar em acordo e se exercitar junto.

Se você sente que não tem como gastar todo mês uma quantia fixa em esportes ou outras formas de exercício, combine com a família, amigos ou conhecidos de se exercitar por certo período todos os dias. Vocês têm de cooperar e procurar acompanhar os progressos uns dos outros, isso é muito importante.

4
Faça um Investimento em Sua Forma Física

Até agora tratei dos primeiros dois pontos de uma vida saudável. Mas gostaria que você também refletisse sobre o seguinte: quando você sente que seu corpo não está mais em sua melhor forma e começa a pensar em praticar esportes ou exercícios, ou seja, quando conclui que chegou a hora de cuidar melhor de seu corpo, geralmente é porque já é tarde demais. A única razão que o levou a começar a pensar dessa forma é que aconteceu algo que o fez sentir-se desconfortável em relação à sua saúde.

Para evitar chegar a esse ponto, gostaria que encarasse sua saúde como outra forma de poupança. Sua aptidão física pode ser adequada ao serviço que está fazendo no momento, mas, se você pretende ampliar sua carga de trabalho no futuro, precisa aumentar sua força. Isso significa que, embora você possa estar bem agora, a fim de se desenvolver no futuro o que você precisa fazer não é poupar dinheiro, mas aumentar seu vigor físico.

Talvez você ache estranho, mas com frequência a melhor atitude, tanto no aspecto físico quanto no espiritual, é adotar um estilo de vida que esteja em desacordo com a sua profissão. Por exemplo, se você é um intelectual, digamos um escritor ou palestrante, é melhor que passe a usar mais seu corpo. A mente não é estimulada apenas pela leitura; quanto maior sua força física, mais seu cérebro se torna ativo. Isso é um fato.

Muita gente se queixa de que não tem oportunidade de ler um livro. Mas estou certo de que isso não se deve tanto ao fato de a pessoa não ter uma boa visão ou de não ser inteligente o suficiente, e sim porque está fisicamente exausta. Seu corpo está enfraquecido e a pessoa está em dívida com ele.

Por exemplo, você sente que seu corpo está tão fraco que quando se senta no ônibus e alguém tosse do seu lado já imagina que será contagiado com gripe e vai cair de cama? Será que já está com a saúde tão ruim que quando vê pessoas ao seu redor tossindo e espirrando tem certeza de que vai pegar uma gripe?

Quando vê todo mundo tossindo, talvez você consiga notar também que há indivíduos que esbanjam vitalidade – e com certeza é esse o tipo de pessoa que você gostaria de ser. São pessoas que obviamente adotaram um estilo de vida saudável, positivo, ideal.

Falando a partir da minha própria experiência, posso dizer que a força física tem um papel extremamente importante na promoção da atividade mental. Por mais estranho que pareça, quanto mais suas pernas e braços se fortalecem, mais rápido seu cérebro consegue trabalhar e mais raramente você se cansa com facilidade.

Apesar disso, porém, é um fato que na maioria dos casos os indivíduos que trabalham com o cérebro tendem a ter o corpo mais fraco, e os que fazem trabalhos físicos não têm o cérebro tão desenvolvido. As pessoas geralmente tendem para um desses dois polos, e quando tentam usar os dois ao mesmo tempo acabam se tornando medianas.

Portanto, aqueles que ganham a vida com o cérebro devem aproveitar todas as oportunidades possíveis de usar seus músculos da maneira mais eficaz possível. Embora não devam tentar competir com aqueles que fazem trabalho físico todo dia, no mínimo devem reservar um tempo regularmente para melhorar sua saúde. Devem se exercitar uma vez por semana, pois isso é o mínimo que podem fazer se pretendem ter uma vida saudável. Fazer algum tipo de atividade física pelo menos uma vez por semana é o segredo para não ficar doente.

Se você conseguir se exercitar duas vezes por semana, poderá manter sua força física num nível bem superior ao da média. Se conseguir se exercitar três ou mais vezes por semana, sem dúvida descobrirá que é capaz de pensar de maneira bem mais construtiva. Se quiser realizar alguma tarefa importante, é vital que tenha a força física para desempenhá-la. Sem isso, a tendência é você ficar pessimista e querer fugir das situações.

Passará a antever os fracassos em série, imaginando encontrar um desastre em cada esquina, e será incapaz de escapar desse fantasma do fracasso. Mesmo quando finalmente chegar uma oportunidade real de sucesso, você pode acabar se esquivando de propósito. No entanto, se nessa hora você estiver com uma grande força física, já pensou que vantagem isso poderá representar? Portanto, considere investir no seu bem-estar físico agora, para aprimorá-lo e estar em ótimas condições quando a oportunidade de sucesso se apresentar.

Quando trabalhava em escritório, eu costumava reservar 10% do meu salário para adquirir livros. Só me preocupava em treinar o cérebro, e com isso meu corpo foi enfraquecendo e eu ficava exausto com facilidade. No entanto, quando comecei a dar muitas palestras, compreendi que nunca seria capaz de realizar meu sonho de trazer felicidade à humanidade se ficasse cansado à toa. Portanto, quanto mais atarefado ficava, mais eu aumentava a determinação de fortalecer meu corpo. Talvez você se surpreenda em ouvir que quando dou palestras toda semana e ainda preciso ficar atendendo a outros compromissos duas ou três vezes por semana é quando trabalho mais para fortalecer meus músculos. Talvez você imagine que isso me exaure ainda mais, mas, ao contrário, é nessas épocas que noto o quanto é importante fortalecer meu corpo. O resultado está longe de ser negativo e me permite colher frutos muito bons.

Como já disse, as pessoas tendem a ir para os extremos. As que investem mais no corpo tendem a ignorar o cérebro, e as que investem mais no cérebro costumam se descuidar do corpo. Mas alguém que queira se firmar na vida deve procurar aprimorar esses dois aspectos do seu ser, pois esse é um fator importante para o desenvolvimento.

Se uma pessoa que conseguiu obter determinado sucesso, seja na esfera cerebral ou na física, tentar se desenvolver mais na esfera oposta, com certeza será capaz de desfrutar uma vida maravilhosa.

5
Procure Prevenir a Exaustão

Em relação a ter uma vida saudável, há mais um aspecto em particular que eu gostaria de abordar que é a importância de prevenir a exaustão.

Na última seção, falei brevemente sobre a exaustão como sendo a principal causa da maioria das preocupações. Se você acorda de manhã sentindo a mente clara e capaz de desfrutar do seu café da manhã, isso quer dizer que está em boa condição física, e, mesmo que vá enfrentar alguns problemas durante o dia, não terá muito trabalho para resolvê-los. Se, ao contrário, você sente muita dificuldade em levantar da cama, acha que seu café da manhã tem um gosto ruim e o fato de encontrar outras pessoas logo cedo o deixa irritado, então ao se deparar com algum problema ele lhe parecerá insolúvel e você não será capaz de fazer nada a respeito. Isso significa que, a fim de acabar com suas preocupações, é vital que você não se deixe chegar ao ponto de ficar exausto.

Existem inúmeras maneiras de evitar a exaustão. Do ponto de vista fisiológico, para trabalhar com nossa eficiência máxima é importante dar ao corpo o suficiente descanso. Os seres humanos em geral só são capazes de se concentrar em alguma coisa por cerca de uma hora. Mesmo pessoas com uma habilidade especial de concentração só conseguem fazê-lo por um período de duas a três horas, e depois sua capacidade de manter a atenção em alguma coisa decresce muito rápido.

Hoje, há um grande número de pessoas que realiza serviços de escritório desde o período da manhã até a noite, e é de se esperar que a eficiência delas fique reduzida. No Japão, em particular, muitos trabalhadores permanecem no escritório das 8h30 da manhã até as 9 ou 10 horas da noite, e do ponto de vista da eficiência, é impossível executar bem esse tipo de tarefa burocrática por doze horas seguidas. Na verdade, penso que em muitos casos essas pessoas estão apenas desperdiçando seu tempo.

Primeiro, quero que você entenda que, por mais que tente, não será capaz de se concentrar em uma única tarefa por mais de três horas – no máximo. Isso significa que você precisa ser capaz de trabalhar desde que entra de manhã no serviço até o intervalo do almoço, ao meio-dia. Mas é à tarde que surgem os maiores problemas. Pode haver gente que trabalhe freneticamente o tempo inteiro, mas você deve se lembrar de que é impossível manter a concentração por mais de três horas.

Assim, depois de ter trabalhado por duas ou três horas, gostaria que você desse uma pausa para um café e se permitisse relaxar. Algumas pessoas procuram economizar esse intervalo de dez ou quinze minutos, mas quando isso ocorre, o resto da tarde será desperdiçado. Faça esse esforço para descansar por dez ou quinze minutos. Tome um chá, conte piadas com os colegas, enfim, procure relaxar um pouco.

Além disso, procure ter em mente que é bom fazer o trabalho mais importante quando está em sua melhor forma. Há pessoas que deixam para realizar a parte mais importante de seu trabalho depois das 18 horas, mas na maioria dos casos com isso elas estão apenas tornando as coisas mais difíceis. Depois das 18 horas é quando as pessoas se sentem mais cansadas, portanto não é a melhor hora para fazer o que elas consideram mais importante.

Se precisar trabalhar até tarde, deixe para o fim as tarefas mais simples. Aquela arrumação básica pode ser feita à noite, porém as tarefas mais importantes devem ser efetuadas na parte do dia em que seu corpo está no auge da forma.

Embora tenha dito que alguns indivíduos conseguem se concentrar por até três horas, se analisarmos bem chegaremos à conclusão de que o período de uma hora é o que nos permite trabalhar usando o nosso máximo potencial. Para poder ficar 100% concentrado durante uma hora, é bom fazer pequenas pausas de cinco minutos. Isso significa que, depois de ficar concentrado por 55 minutos, você deve recostar-se na cadeira por cinco minutos, para que seus nervos relaxem.

Para quem tem condições de fazê-lo, uma boa ideia é deitar-se por uns cinco minutos na hora do almoço. Se houver um sofá ou algo parecido em seu local de trabalho, não hesite em usá-lo para um bom descanso.

Para poder trabalhar duro o dia inteiro, há três partes do corpo às quais se deve dar especial atenção. A primeira é a região lombar das costas. Com dor nas costas ninguém é capaz de se concentrar ou trabalhar horas seguidas. Por isso, alongue os músculos das costas sempre que possível. Você pode tentar se exercitar um pouco durante a hora do almoço ou, se tiver a oportunidade, deitar-se e relaxar as costas. Cuide também dos pés. Nossos pés são muito pequenos em relação ao corpo, e precisam carregar seu peso inteiro. Por isso, é muito difícil ficar em pé por mais de uma hora. Mas no local de trabalho muitas vezes não temos outra escolha a não ser ficar em pé por longos períodos. Portanto, lembre-se de aliviar o peso sobre seus pés sempre que puder.

A outra parte do corpo que você precisa se lembrar de cuidar são os olhos. É cada vez maior o número de pessoas que sofre de fadiga ocular e, quando a vista fica cansada, isso pode afetar o cérebro, o estômago e fazer você sofrer dos nervos. Pode até desencadear vários complexos de perseguição. Por isso, tenha cuidado especial com seus olhos para garantir que não correrá o risco de ter fadiga ocular.

A iluminação da sala é um fator importante de prevenção. Você deve manter uma luz constante e, ao mesmo tempo, deixar o que estiver lendo a uma distância de mais de 20 centímetros dos seus olhos. Evite também ler livros com letra muito pequena. Se houver duas edições do mesmo livro, prefira sempre a que tiver letra maior. Talvez seja mais cara, caso se trate de edição em capa dura, mas se isso significa que você poderá proteger melhor seus olhos, então valerá a pena. Gostaria de mencionar aqui que todos os livros publicados pela Happy Science levam em conta este aspecto.

Pessoas que estão envolvidas em projetos intelectuais acabam tendo problemas com a visão em algum momento da vida, por isso é importante fazer o possível para preservar os olhos.

Como no caso das costas e dos pés, você também deve dar descanso aos olhos depois de tê-los usado por muito tempo. Procure alternar o foco, olhando a paisagem da janela ou outra coisa qualquer. Se tiver como descansar seus olhos desse modo será capaz de usá-los por longos períodos sem problemas. Evite forçá-los por cinco a dez horas seguidas; depois de usá-los por uma hora, dê-lhes um pequeno descanso; com isso, descobrirá que é capaz de continuar trabalhando com tranquilidade por oito a dez horas.

Portanto, recapitulando, você deve cuidar de suas costas, de seus pés e de seus olhos, pois esta é a chave para evitar a exaustão.

Epílogo

Gostaria de contar brevemente como nasceu este livro. Os capítulos de cinco a dez surgiram primeiro como uma série de seis artigos na revista mensal *Kofuku no Kagaku*, publicada no Japão de julho a dezembro de 1989. Nessa série, o artigo intitulado "Trabalho e Amor" (Capítulo Cinco) foi particularmente bem-aceito e trouxe um retorno muito positivo.

Dentre as cartas que recebi, havia muitas que queriam saber de que maneira alguém que estivesse empenhado em disciplinar sua mente deveria enfrentar os problemas de trabalho, e senti-me compelido a dar uma resposta. Para muita gente, trabalho e espírito são dois conceitos distintos, mas não concordo com isso. Em minha opinião, trabalho e espírito não podem ser separados; são facetas diferentes de uma mesma coisa, apesar de poderem se apresentar de maneiras distintas. Portanto, senti que precisava elaborar uma filosofia que também abordasse o tema do trabalho.

O resultado pode ser encontrado nos capítulos de um a quatro, que escrevi com esse propósito e que publiquei junto com os demais a fim de criar uma obra única e abrangente. Espero que este material proporcione uma chave que resulte no florescimento de várias filosofias de negócios para a nova era. Ao mesmo tempo, se tiver a oportunidade, espero produzir mais livros sobre esse tema a fim de ajudar o maior número possível de leitores com seus problemas.

Sinto-me muito feliz em ter redigido este volume com base na ideia de "trabalho e amor" e espero que ele seja uma obra que você guarde como um bem precioso por toda a vida.

Ryuho Okawa
Janeiro de 1990

Sobre o Autor

O mestre Ryuho Okawa começou a receber mensagens de grandes personalidades da história – Jesus, Buda e outros seres celestiais – em 1981. Esses seres sagrados vieram com mensagens apaixonadas e urgentes, rogando que ele transmitisse às pessoas na Terra a sabedoria divina deles. Assim se revelou o chamado para que ele se tornasse um líder espiritual e inspirasse pessoas no mundo todo com as Verdades espirituais sobre a origem da humanidade e sobre a alma, por tanto tempo ocultas. Esses diálogos desvendaram os mistérios do Céu e do Inferno e se tornaram a base sobre a qual o mestre Okawa construiu sua filosofia espiritual. À medida que sua consciência espiritual se aprofundou, ele compreendeu que essa sabedoria continha o poder de ajudar a humanidade a superar conflitos religiosos e culturais e conduzi-la a uma era de paz e harmonia na Terra.

Pouco antes de completar 30 anos, o mestre Okawa deixou de lado uma promissora carreira de negócios para se dedicar totalmente à publicação das mensagens que recebeu do Mundo Celestial. Desde então, até o final de dezembro de 2015, alcançou a marca de 2 mil livros lançados, tornando-se um autor de grande sucesso no Japão e no mundo. A universalidade da sabedoria que ele compartilha, a profundidade de sua filosofia religiosa e espiritual e a clareza e compaixão de suas mensagens continuam a atrair milhões de leitores. Além de seu trabalho contínuo como escritor, o mestre Okawa dá palestras públicas pelo mundo todo.

Transmissão de palestras para mais de 3.500 locais ao redor do mundo

Desde a fundação da Happy Science em 1986, o mestre Ryuho Okawa proferiu mais de 2.400 palestras. Esta foto é do Evento de Celebração da Palestra da Descida do Senhor, realizada na Super Arena Saitama no Japão, em 8 de julho de 2014. Na palestra intitulada "A Grande Estratégia para a Prosperidade", o mestre ensinou que não devemos nos apoiar num grande governo e que, caso surja um país ambicioso, devemos mostrar ao seu povo qual é o caminho correto. Ele também ensina que é importante construir um futuro de paz na prosperidade com os esforços e a perseverança de cada indivíduo independentemente. Mais de 17 mil pessoas compareceram ao estádio principal, e o evento foi também transmitido ao vivo para mais de 3.500 locais ao redor do mundo.

Mais de 2 mil livros publicados

Os livros do mestre Ryuho Okawa foram traduzidos em 28 línguas e vêm sendo cada vez mais lidos no mundo inteiro. Em 2010, ele recebeu menção no livro *Guinness World Records* por ter publicado 52 livros em um ano. Ao longo de 2013, publicou 106 livros. Até dezembro de 2015, o número de livros publicados pelo mestre Okawa chegou a 2 mil.

Entre eles, há também muitas mensagens de espíritos de grandes figuras históricas e de espíritos guardiões de importantes personalidades que vivem no mundo atual.

Sobre a Happy Science

Em 1986, o mestre Ryuho Okawa fundou a Happy Science, um movimento espiritual empenhado em levar mais felicidade à humanidade pela superação de barreiras raciais, religiosas e culturais, e pelo trabalho rumo ao ideal de um mundo unido em paz e harmonia. Apoiada por seguidores que vivem de acordo com as palavras de iluminada sabedoria do mestre Okawa, a Happy Science tem crescido rapidamente desde sua fundação no Japão e hoje conta com mais de 20 milhões de membros em todo o globo, com templos locais em Nova York, Los Angeles, São Francisco, Tóquio, Londres, Paris, Düsseldorf, Sydney, São Paulo e Seul, dentre as principais cidades. Semanalmente o mestre Okawa ensina nos Templos da Happy Science e viaja pelo mundo dando palestras abertas ao público.

A Happy Science possui vários programas e serviços de apoio às comunidades locais e pessoas necessitadas, como programas educacionais pré e pós-escolares para jovens e serviços para idosos e pessoas com necessidades especiais. Os membros também participam de atividades sociais e beneficentes, que no passado incluíram ajuda humanitária às vítimas de terremotos na China e no Japão, levantamento de fundos para uma escola na Índia e doação de mosquiteiros para hospitais em Uganda.

Programas e Eventos

Os templos locais da Happy Science oferecem regularmente eventos, programas e seminários. Junte-se às nossas sessões de meditação, assista às nossas palestras, participe dos grupos de estudo, seminários e eventos literários. Nossos programas ajudarão você a:
- aprofundar sua compreensão do propósito e significado da vida;
- melhorar seus relacionamentos conforme você aprende a amar incondicionalmente;
- aprender a tranquilizar a mente mesmo em dias estressantes, pela prática da contemplação e da meditação;
- aprender a superar os desafios da vida e muito mais.

Seminários Internacionais

Anualmente, amigos do mundo inteiro comparecem aos nossos seminários internacionais, que ocorrem em nossos templos no Japão. Todo ano são oferecidos programas diferentes sobre diversos tópicos, entre eles como melhorar relacionamentos praticando os Oito Corretos Caminhos para a iluminação e como amar a si mesmo.

Contatos

BRASIL	www.happyscience-br.org
SÃO PAULO (Matriz)	R. Domingos de Morais, 1154, Vila Mariana, São Paulo, SP, CEP 04010-100 TEL. 55-11-5088-3800 FAX 5511-5088-3806, **sp@happy-science.org**
Zona Sul	R. Domingos de Morais, 1154, 1º and., Vila Mariana, São Paulo, SP, CEP 04010-100 TEL. 55-11-5088-3800 FAX 5511-5574-8164, **sp_sul@happy-science.org**
Zona Leste	R. Fernão Tavares, 124, Tatuapé, São Paulo, SP, CEP 03306-030 TEL. 55-11-2295-8500 FAX 5511-2295-8505, **sp_leste@happy-science.org**
Zona Oeste	R. Grauçá, 77, Vila Sônia, São Paulo, SP, CEP 05626-020 TEL. 55-11-3061-5400, **sp_oeste@happy-science.org**
CAMPINAS	Rua Joana de Gusmão, 187, Jardim Guanabara, Campinas, SP, CEP 13073-370 TEL. 55-19-3255-3346
CAPÃO BONITO	Rua General Carneiro, 306, Centro, Capão Bonito, SP, CEP 18300-030 TEL. 55-15-3542-5576
JUNDIAÍ	Rua Congo, 447, Jd. Bonfiglioli, Jundiaí, SP, CEP 13207-340 TEL. 55-11-4587-5952, **jundiai@happy-science.org**
LONDRINA	Av. Presidente Castelo Branco, 580, Jardim Presidente, Londrina, PR, CEP 86061-335 TEL. 55-43-3347-3254
SANTOS	Rua Itororó, 29, Centro, Santos, SP, CEP 11010-070 TEL. 55-13-3219-4600, **santos@happy-science.org**
SOROCABA	Rua Dr. Álvaro Soares, 195, sala 3, Centro, Sorocaba, SP, CEP 18010-190 TEL. 55-15-3359-1601, **sorocaba@happy-science.org**
RIO DE JANEIRO	Largo do Machado, 21, sala 607, Catete, Rio de Janeiro, RJ, CEP 22221-020 TEL. 55-21-3243-1475, **riodejaneiro@happy-science.org**

INTERNACIONAL www. happyscience.org

ÁFRICA

ACRA (Gana)	28 Samora Machel Street, Asylum Down, Acra, Gana TEL. 233-30703-1610, **ghana@happy-science.org**
DURBAN (África do Sul)	55 Cowey Road, Durban 4001, África do Sul TEL. 031-2071217 **FAX** 031-2076765, **southafrica@happy-science.org**
KAMPALA (Uganda)	Plot 17 Old Kampala Road, Kampala, Uganda P.O. Box 34130, **TEL.** 256-78-4728601 **uganda@happy-science.org, www.happyscience-uganda.org**
LAGOS (Nigéria)	1st Floor, 2A Makinde Street, Alausa, Ikeja, Off Awolowo Way, Ikeja-Lagos State, Nigéria, **TEL.** 234-805580-2790, **nigeria@happy-science.org**

AMÉRICA

FLÓRIDA (EUA)	12208 N 56th St., Temple Terrace, Flórida, EUA 33617 TEL. 813-914-7771 **FAX** 813-914-7710, **florida@happy-science.org**
HONOLULU (EUA)	1221 Kapiolani Blvd, Suite 920, Honolulu, Havaí 96814, EUA **TEL.** 1-808-591-9772 **FAX** 1-808-591-9776, **hi@happy-science.org, www.happyscience-hi.org**
LIMA (Peru)	Av. Angamos Oeste 354, Miraflores, Lima, Peru, TEL. 51-1-9872-2600, **peru@happy-science.org, www.happyscience.jp/sp**
LOS ANGELES (EUA)	1590 East Del Mar Blvd., Pasadena, CA 91106, EUA, TEL. 1-626-395-7775 **FAX** 1-626-395-7776, **la@happy-science.org, www.happyscience-la.org**
MÉXICO	Av. Insurgentes Sur 1443, Col. Insurgentes Mixcoac, México 03920, D.F., **mexico@happy-science.org, www.happyscience.jp/sp**
NOVA YORK (EUA)	79 Franklin Street, Nova York 10013, EUA, TEL. 1-212-343-7972 **FAX** 1-212-343-7973, **ny@happy-science.org, www.happyscience-ny.org**
SÃO FRANCISCO (EUA)	525 Clinton St., Redwood City, CA 94062, EUA TEL./FAX 1-650-363-2777, **sf@happy-science.org, www.happyscience-sf.org**

TORONTO (Canadá)	323 College St., Toronto ON, Canadá M5T 1S2 TEL. 1-416-901-3747, **toronto@happy-science.org**	

ÁSIA

BANCOC (Tailândia)	Entre Soi 26-28, 710/4 Sukhumvit Rd., Klongton, Klongtoey, Bancoc 10110 TEL. 66-2-258-5750 FAX 66-2-258-5749, **bangkok@happy-science.org**
CINGAPURA	190 Middle Road #16-05, Fortune Centre, Cingapura 188979 TEL. 65 6837 0777/ 6837 0771 FAX 65 6837 0772, **singapore@happy-science.org**
COLOMBO (Sri Lanka)	Nº 53, Ananda Kumaraswamy Mawatha, Colombo 7, Sri Lanka TEL. 94-011-257-3739, **srilanka@happy-science.org**
HONG KONG	Unit A, 3/F-A Redana Centre, 25 Yiu Wa Street, Causeway Bay TEL. 85-2-2891-1963, **hongkong@happy-science.org**
KATMANDU (Nepal)	Kathmandu Metropolitan City, Ward No-9, Gaushala, Surya Bikram Gynwali Marga, House Nº 1941, Katmandu TEL. 977-0144-71506, **nepal@happy-science.org**
MANILA (Filipinas)	Gold Loop Tower A 701, Escriva Drive Ortigas Center Pasig City 1605, Metro Manila, Filipinas, **TEL. 09472784413, philippines@happy-science.org**
NOVA DÉLI (Índia)	314-319, Aggarwal Square Plaza, Plot-8, Pocket-7, Sector-12, Dwarka, Nova Déli-7S, Índia TEL. 91-11-4511-8226, **newdelhi@happy-science.org**
SEUL (Coreia do Sul)	162-17 Sadang3-dong, Dongjak-gu, Seoul, Coreia do Sul TEL. 82-2-3478-8777 FAX 82-2-3478-9777, **korea@happy-science.org**
TAIPÉ (Taiwan)	Nº 89, Lane 155, Dunhua N. Rd., Songshan District, Cidade de Taipé 105, Taiwan TEL. 886-2-2719-9377 FAX 886-2-2719-5570, **taiwan@happy-science.org**
TÓQUIO (Japão)	6F 1-6-7 Togoshi, Shinagawa, Tóquio, 142-0041, Japão TEL. 03-6384-5770 FAX 03-6384-5776, **tokyo@happy-science.org, www.happy-science.jp**

EUROPA

DÜSSELDORF (Alemanha)	Klosterstr. 112, 40211 Düsseldorf, Alemanha **web: http://hs-d.de/** TEL. 49-211-93652470 FAX 49-211-93652471, **germany@happy-science.org**
FINLÂNDIA	**finland@happy-science.org**
LONDRES (GBR)	3 Margaret Street, London W1W 8RE, Grã-Bretanha TEL. 44-20-7323-9255 FAX 44-20-7323-9344, **eu@happy-science.org**, **www.happyscience-eu.org**
PARIS (França)	56, rue Fondary 75015 Paris, França TEL. 33-9-5040-1110 FAX 33-9-55401110, **france@happy-science.org**, **www.happyscience-fr.org**
VIENA (Áustria)	Zentagasse 40-42/1/1b, 1050, Viena, Áustria/EU **TEL./ FAX** 43-1-9455604, **austria-vienna@happy-science.org**

OCEANIA

AUCKLAND (Nova Zelândia)	409A Manukau Road, Epsom 1023, Auckland, Nova Zelândia TEL. 64-9-630-5677 **FAX** 64 9 6305676, **newzealand@happy-science.org**
SYDNEY (Austrália)	Suite 17, 71-77 Penshurst Street, Willoughby, NSW 2068, Austrália TEL. 61-2-9967-0766 FAX 61-2-9967-0866, **sydney@happy-science.org**

Partido da Realização da Felicidade

O Partido da Realização da Felicidade (PRF) foi fundado no Japão em maio de 2009 pelo mestre Ryuho Okawa como parte do Grupo Happy Science, para oferecer soluções concretas e práticas a assuntos atuais, como as ameaças militares da Coreia do Norte e da China e a recessão econômica de longo prazo. O PRF objetiva implementar reformas radicais no governo japonês, a fim de trazer paz e prosperidade ao Japão. Para isso, o PRF propõe duas medidas principais:

1. Fortalecer a segurança nacional e a aliança Japão-EUA, que tem papel vital para a estabilidade da Ásia.
2. Melhorar a economia japonesa implementando cortes drásticos de impostos, adotando medidas monetárias facilitadoras e criando novos grandes setores.

O PRF defende que o Japão deve oferecer um modelo de nação religiosa que permita a coexistência de valores e crenças diversos, e que contribua para a paz global.

Para mais informações, visite en.hr-party.jp

Universidade Happy Science

O espírito fundador e a meta da educação
Com base na filosofia fundadora da universidade, que é de "Busca da felicidade e criação de uma nova civilização", são oferecidos educação, pesquisa e estudos para ajudar os estudantes a adquirirem profunda compreensão, assentada na crença religiosa, e uma expertise avançada, para com isso produzir "grandes talentos de virtude" que possam contribuir de maneira abrangente para servir o Japão e a comunidade internacional.

Visão geral das faculdades e departamentos
– Faculdade de Felicidade Humana, Departamento de Felicidade Humana
Nesta faculdade, os estudantes examinam as ciências humanas a partir de vários pontos de vista, com uma abordagem multidisciplinar, a fim de poder explorar e vislumbrar um estado ideal dos seres humanos e da sociedade.

– **Faculdade de Administração de Sucesso, Departamento de Administração de Sucesso**
Esta faculdade tem por objetivo tratar da administração de sucesso, ajudando entidades organizacionais de todo tipo a criar valor e riqueza para a sociedade e contribuir para a felicidade e o desenvolvimento da administração e dos empregados, assim como da sociedade como um todo.

– **Faculdade da Indústria Futura, Departamento de Tecnologia Industrial**
O objetivo desta faculdade é formar engenheiros capazes de resolver várias das questões enfrentadas pela civilização moderna, do ponto de vista tecnológico, contribuindo para criar novos setores no futuro.

Academia Happy Science
Escola Secundária de Primeiro e Segundo Grau
Trata-se de uma escola em período integral fundada com o objetivo de educar os futuros líderes do mundo para que tenham uma visão ampla, perseverem e assumam novos desafios. Hoje há dois *campi* no Japão: o Campus Sede de Nasu, na província de Tochigi, fundado em 2010, e o Campus Kansai, na província de Shiga, fundado em 2013.

Filmes da Happy Science

O mestre Okawa é criador e produtor executivo de dez filmes, que receberam vários prêmios e reconhecimento ao redor do mundo. Títulos dos filmes:

- *As Terríveis Revelações de Nostradamus* (1994)
- *Hermes – Ventos do Amor* (1997)
- *As Leis do Sol* (2000)
- *As Leis Douradas* (2003)
- *As Leis da Eternidade* (2006)
- *O Renascimento de Buda* (2009)
- *O Julgamento Final* (2012)
- *As Leis Místicas* (2012)
- *As Leis do Universo* (2015)
- *Estou bem, meu anjo* (2016)

As Leis Místicas

Vencedor do **"Prêmio Remi Especial do Júri 2013"** para Produções Teatrais no Festival de Cinema Internacional WorldFest de Houston

Outros Prêmios:
- "Festival de Cinema Internacional de Palm Beach" (Indicado entre os Melhores da Seleção Oficial)
- "Festival de Cinema Asiático de Dallas", Seleção Oficial
- "4º Festival Anual Proctors de Animação", Seleção Oficial
- "Festival Europa de Filmes Budistas", Seleção Oficial
- "Festival do Filme Japonês de Hamburgo", Seleção Oficial
- "Monstra do Festival de Filmes de Animação de Lisboa", Seleção Oficial

As Leis do Universo (Parte 0)

Estou bem, meu anjo

Outros Livros de Ryuho Okawa

SÉRIE LEIS

As Leis do Sol
A Gênese e o Plano de Deus
IRH Press do Brasil

Neste livro poderoso, Ryuho Okawa revela a natureza transcendental da consciência e os segredos do nosso universo multidimensional, bem como o lugar que ocupamos nele. Ao compreender as leis naturais que regem o universo, e desenvolver sabedoria pela reflexão com base nos Oito Corretos Caminhos ensinados no budismo, o autor tem como acelerar nosso eterno processo de desenvolvimento e ascensão espiritual. Também indica o caminho para se chegar à verdadeira felicidade. Edição revista e ampliada.

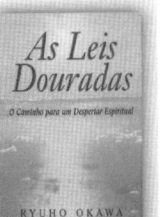

As Leis Douradas
O Caminho para um Despertar Espiritual
Editora Best Seller

Ao longo da história, os Grandes Espíritos Guias de Luz, como Buda Shakyamuni, Jesus Cristo, Krishna e Maomé, têm estado presentes na Terra, em momentos cruciais da história humana, para cuidar do nosso desenvolvimento espiritual. Este livro traz a visão do Supremo Espírito que rege o Grupo Espiritual da Terra, El Cantare, revelando como o plano de Deus tem sido concretizado neste planeta ao longo do tempo. Depende de todos nós vencer o desafio, trabalhando juntos para ampliar a Luz.

As Leis da Imortalidade
O Despertar Espiritual para uma Nova Era Espacial
IRH Press do Brasil

Milagres ocorrem de fato o tempo todo à nossa volta. Aqui, o mestre Okawa revela as verdades sobre os fenômenos espirituais e ensina que as leis espirituais eternas realmente existem, e como elas moldam o nosso planeta e os mundos além deste que conhecemos. Milagres e ocorrências espirituais dependem não só do Mundo Celestial, mas sobretudo de cada um de nós e do poder contido em nosso interior – o poder da fé.

As Leis da Salvação
Fé e a Sociedade Futura
IRH Press do Brasil

O livro analisa o tema da fé e traz explicações relevantes para qualquer pessoa, pois ajudam a elucidar os mecanismos da vida e o que ocorre depois dela, permitindo que os seres humanos adquiram maior grau de compreensão, progresso e felicidade. Também aborda questões importantes, como a verdadeira natureza do homem enquanto ser espiritual, a necessidade da religião, a existência do bem e do mal, o papel das escolhas, a possibilidade do apocalipse, como seguir o caminho da fé e ter esperança no futuro, entre outros temas.

As Leis da Eternidade
A Revelação dos Segredos das Dimensões Espirituais do Universo
Editora Cultrix

Cada uma de nossas vidas é parte de uma série de vidas cuja realidade se assenta no outro mundo espiritual. Neste livro esclarecedor, Ryuho Okawa revela os aspectos multidimensionais do Outro Mundo, descrevendo suas dimensões, características e as leis que o governam. Ele também explica por que é essencial para nós compreendermos a estrutura e a história do mundo espiritual, e percebermos a razão de nossa vida – como parte da preparação para a Era Dourada que está por se iniciar.

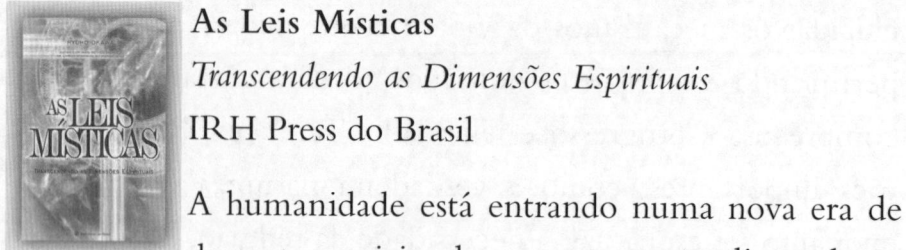

As Leis Místicas
Transcendendo as Dimensões Espirituais
IRH Press do Brasil

A humanidade está entrando numa nova era de despertar espiritual graças a um grandioso plano, estabelecido há mais de 150 anos pelos espíritos superiores. Aqui são esclarecidas questões sobre espiritualidade, ocultismo, misticismo, hermetismo, possessões e fenômenos místicos, canalizações, comunicações espirituais e milagres que não foram ensinados nas escolas nem nas religiões. Você compreenderá o verdadeiro significado da vida na Terra, fortalecerá sua fé e religiosidade, despertando o poder de superar seus limites e até manifestar milagres por meio de fenômenos sobrenaturais.

As Leis da Sabedoria
Faça Seu Diamante Interior Brilhar
IRH Press do Brasil

Neste livro, Okawa descreve, sob diversas óticas, a sabedoria que devemos adquirir na vida. Apresenta valiosos conceitos sobre o modo de viver, dicas para produção intelectual e os segredos da boa gestão empresarial. Depois da morte, a única coisa que o ser humano pode levar de volta consigo para o outro mundo é seu "coração". E dentro dele reside a "sabedoria", a parte que preserva o brilho de um diamante. A Iluminação na vida moderna é um processo diversificado e complexo. No entanto, o mais importante é jogar um raio de luz sobre seu modo de vida e, com seus próprios esforços, produzir magníficos cristais durante sua preciosa passagem pela Terra.

As Leis da Felicidade
Os Quatro Princípios para uma Vida Bem-Sucedida
Editora Cultrix

Este livro é uma introdução básica aos ensinamentos de Ryuho Okawa, ilustrando o cerne de sua filosofia. O autor ensina que, se as pessoas conseguem dominar os Princípios da Felicidade – Amor, Conhecimento, Reflexão e Desenvolvimento –, elas podem fazer sua vida brilhar, tanto neste mundo como no outro, pois esses princípios são os recursos para escapar do sofrimento e que conduzem as pessoas à verdadeira felicidade.

As Leis da Justiça
Como Resolver os Conflitos Mundiais e Alcançar a Paz
IRH Press do Brasil

O autor afirma: "Com este livro, fui além do âmbito de um trabalho acadêmico. Em outras palavras, assumi o desafio de colocar as revelações de Deus como um tema de estudo acadêmico. Busquei formular uma imagem de como a justiça deveria ser neste mundo, vista da perspectiva de Deus ou de Buda. Para isso, fui além do conhecimento acadêmico de destacados estudiosos do Japão e do mundo, assim como do saber de primeiros-ministros e presidentes. Alguns de meus leitores sentirão nestas palavras a presença de Deus no nível global".

As Leis do Futuro
Os Sinais da Nova Era
IRH Press do Brasil

O futuro está em suas mãos. O destino não é algo imutável e pode ser alterado por seus pensamentos e suas escolhas. Tudo depende de seu despertar interior, pois só assim é possível criar um futuro brilhante. Podemos encontrar o Caminho da Vitória usando a força do pensamento para obter sucesso na vida material e espiritual. O desânimo e o fracasso são coisas que não existem de fato: não passam de lições para o nosso aprimoramento nesta escola chamada Terra. Ao ler este livro, a esperança renascerá em seu coração e você cruzará o portal para a nova era.

As Leis da Perseverança
Como Romper os Dogmas da Sociedade e Superar as Fases Difíceis da Vida
IRH Press do Brasil

Ao ler este livro, você compreenderá que pode mudar sua maneira de pensar e assim vencer os obstáculos que os dogmas e o senso comum da sociedade colocam em nosso caminho, apoiando-se numa força que o ajudará a superar as provações: a perseverança. Nem sempre o caminho mais fácil é o correto e o mais sábio. Aqui, o mestre Okawa compartilha seus segredos no uso da perseverança e do esforço para fortalecer sua mente, superar suas limitações e resistir ao longo do caminho que o conduzirá a uma vitória infalível.

SÉRIE ENTREVISTAS ESPIRITUAIS

A Última Mensagem de Nelson Mandela para o Mundo
Uma Conversa com Madiba Seis Horas Após Sua Morte
IRH Press do Brasil

A **Série Entrevistas Espirituais** apresenta mensagens recebidas de espíritos famosos e revolucionários da história da humanidade e também de espíritos guardiões de pessoas ainda encarnadas que estão influenciando o mundo contemporâneo. Nelson Mandela, conhecido como Madiba, veio até o mestre Okawa seis horas após seu falecimento e transmitiu sua última mensagem de amor e justiça para todos, antes de retornar ao Mundo Espiritual. Porém, a revelação mais surpreendente deste livro é que Mandela é um Grande Anjo de Luz, trazido a este mundo para promover a justiça divina, e que, no passado remoto, foi um grande herói da Bíblia.

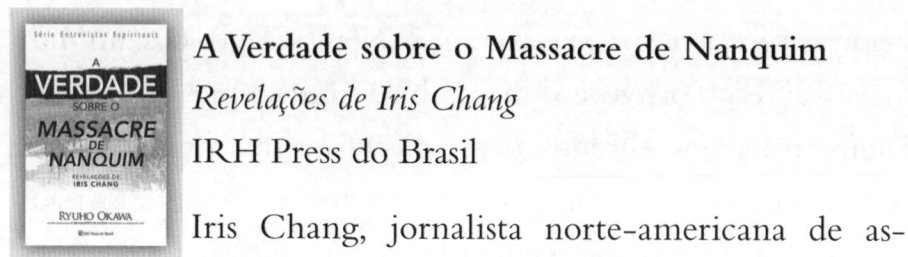

A Verdade sobre o Massacre de Nanquim
Revelações de Iris Chang
IRH Press do Brasil

Iris Chang, jornalista norte-americana de ascendência chinesa, ganhou notoriedade após lançar, em 1997, *O Estupro de Nanquim*, em que denuncia as atrocidades cometidas pelo Exército Imperial Japonês durante a Guerra Sino-Japonesa, em 1938-39. Foi a partir da publicação da obra que a expressão "Massacre de Nanquim" passou a ser conhecida e recentemente voltou à tona, espalhando-se depressa dos Estados Unidos para o mundo. Atualmente, porém, essas afirmações vêm sendo questionadas. Para esclarecer o assunto, Okawa invocou o espírito da jornalista dez anos após sua morte e revela, aqui, o estado de Chang à época de sua morte e a grande possibilidade de uma conspiração por trás de seu livro.

Walt Disney
Os Segredos da Magia que Encanta as Pessoas
IRH Press do Brasil

Walt Disney foi o criador de Mickey Mouse e fundador do império conhecido como Disney World; lançou diversos desenhos animados que obtiveram reconhecimento global e, graças à sua atuação diversificada, estabeleceu uma base sólida para os vários empreendimentos de entretenimento. Nesta entrevista espiritual, ele nos revela os segredos do sucesso que o consagrou como um dos mais bem-sucedidos empresários da área de entretenimento do mundo contemporâneo.

Mensagens do Céu
Revelações de Jesus, Buda, Moisés e Maomé
para o mundo moderno
IRH Press do Brasil

Ryuho Okawa compartilha as mensagens desses quatro espíritos, recebidas por comunicação espiritual, e o que eles desejam que as pessoas da presente época saibam. Jesus envia mensagens de amor, fé e perdão; Buda ensina sobre o "eu" interior, perseverança, sucesso e iluminação na vida terrena; Moisés explora o sentido da retidão, do pecado e da justiça; e Maomé trata de questões sobre a tolerância, a fé e os milagres. Você compreenderá como esses líderes religiosos influenciaram a humanidade ao expor sua visão a respeito das Verdades universais e por que cada um deles era um mensageiro de Deus empenhado em guiar as pessoas.

O Próximo Grande Despertar
Um Renascimento Espiritual
IRH Press do Brasil

Esta obra traz revelações surpreendentes, que podem desafiar suas crenças. São mensagens transmitidas pelos Espíritos Superiores ao mestre Okawa, para que você compreenda a verdade sobre o que chamamos de "realidade". Se você ainda não está convencido de que há muito mais coisas do que aquilo que podemos ver, ouvir, tocar e experimentar; se você ainda não está certo de que os Espíritos Superiores, os Anjos da Guarda e os alienígenas existem aqui na Terra, então leia este livro.

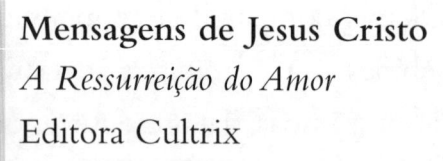

Mensagens de Jesus Cristo
A Ressurreição do Amor
Editora Cultrix

Assim como muitos outros Espíritos Superiores, Jesus Cristo tem transmitido diversas mensagens espirituais ao mestre Okawa, cujo objetivo é orientar a humanidade e despertá-la para uma nova era de espiritualidade.

Série Autoajuda

Estou bem!
7 Passos para uma Vida Feliz
IRH Press do Brasil

Diferentemente dos textos de autoajuda escritos no Ocidente, este livro traz filosofias universais que irão atender às necessidades de qualquer pessoa. Um tesouro repleto de reflexões que transcendem as diferenças culturais, geográficas, religiosas e raciais. É uma fonte de inspiração e transformação que dá instruções concretas para uma vida feliz. Seguindo os passos deste livro, você poderá dizer "Estou bem!" com convicção e um sorriso amplo, onde quer que esteja e diante de qualquer circunstância que a vida lhe apresente.

THINK BIG – Pense Grande
O Poder para Criar o Seu Futuro
IRH Press do Brasil

Tudo na vida das pessoas manifesta-se de acordo com o pensamento que elas mantêm diariamente em seu coração. A ação começa dentro da mente. A capacidade de criar de cada pessoa limita-se à sua capacidade de pensar. Ao conhecermos a Verdade sobre o poder do pensamento, teremos em nossas mãos o poder da prosperidade, da felicidade, da saúde e da liberdade de seguir nossos rumos, independentemente das coisas que nos prendem a este mundo material. Com este livro, você aprenderá o verdadeiro significado do Pensamento Positivo e como usá-lo de forma efetiva para concretizar seus sonhos. Leia e descubra como ser positivo, corajoso e realizar seus sonhos.

Pensamento Vencedor
Estratégia para Transformar o Fracasso em Sucesso
Editora Cultrix

A vida pode ser comparada à construção de um túnel, pois muitas vezes temos a impressão de ter pela frente como obstáculo uma rocha sólida. O pensamento vencedor opera como uma poderosa broca, capaz de perfurar essa rocha. Quando praticamos esse tipo de pensamento, nunca nos sentimos derrotados em nossa vida. Esse pensamento baseia-se nos ensinamentos de reflexão e desenvolvimento necessários para superar as dificuldades da vida e obter prosperidade. Ao ler, saborear e estudar a filosofia contida neste livro e colocá-la em prática, você será capaz de declarar que não existe essa coisa chamada derrota – só existe o sucesso.

Mude Sua Vida, Mude o Mundo
Um Guia Espiritual para Viver Agora
IRH Press do Brasil

Este livro é uma mensagem de esperança, que contém a solução para o estado de crise em que nos encontramos hoje, quando a guerra, o terrorismo e os desastres econômicos provocam dor e sofrimento por todos os continentes. É um chamado para nos fazer despertar para a Verdade de nossa ascendência, para que todos nós, como irmãos, possamos reconstruir o planeta e transformá-lo numa terra de paz, prosperidade e felicidade.

A Mente Inabalável
Como Superar as Dificuldades da Vida
IRH Press do Brasil

Muitas vezes somos incapazes de lidar com os obstáculos da vida, sejam eles problemas pessoais ou profissionais, tragédias inesperadas ou dificuldades que nos acompanham há tempos. Para o autor, a melhor solução para tais situações é ter uma mente inabalável. Neste livro, ele descreve maneiras de adquirir confiança em si mesmo e alcançar o crescimento espiritual, adotando como base uma perspectiva espiritual.

Série Felicidade

O Caminho da Felicidade
Torne-se um Anjo na Terra
IRH Press do Brasil

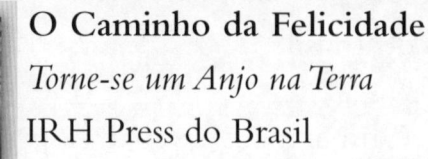

Aqui se encontra a íntegra dos ensinamentos das Verdades espirituais transmitidas por Ryuho Okawa e que serve de introdução aos que buscam o aperfeiçoamento espiritual. Okawa apresenta "Verdades Universais" que podem transformar sua vida e conduzi-lo para o caminho da felicidade. A sabedoria contida neste livro é intensa e profunda, porém simples, e pode ajudar a humanidade a alcançar uma era de paz e harmonia na Terra.

Manifesto do Partido da Realização da Felicidade
Um Projeto para o Futuro de uma Nação
IRH Press do Brasil

Nesta obra, o autor declara: "Devemos mobilizar o potencial das pessoas que reconhecem a existência de Deus e de Buda, além de acreditar na Verdade, e trabalhar para construir uma utopia mundial. Devemos fazer do Japão o ponto de partida de nossas atividades políticas e causar impacto no mundo todo". Iremos nos afastar das forças políticas que trazem infelicidade à humanidade, criar um terreno sólido para a verdade e, com base nela, administrar o Estado e conduzir a política do país.

Ame, Nutra e Perdoe
Um Guia Capaz de Iluminar Sua Vida
IRH Press do Brasil

O autor traz uma filosofia de vida na qual revela os segredos para o crescimento espiritual através dos Estágios do amor. Cada estágio representa um nível de elevação no desenvolvimento espiritual. O objetivo do aprimoramento da alma humana na Terra é progredir por esses estágios e desenvolver uma nova visão do maior poder espiritual concedido aos seres humanos: o amor.

A Essência de Buda
O Caminho da Iluminação e da Espiritualidade Superior
IRH Press do Brasil

Este guia mostra como viver com um verdadeiro propósito. Traz uma visão contemporânea do caminho que vai muito além do budismo, para orientar os que estão em busca da iluminação e da espiritualidade. Você descobrirá que os fundamentos espiritualistas, tão difundidos hoje, na verdade foram ensinados por Buda Shakyamuni e fazem parte do budismo, como *os Oito Corretos Caminhos, as Seis Perfeições e a Lei de Causa e Efeito, o Vazio, o Carma e a Reencarnação*, entre outros.

As Chaves da Felicidade
Os 10 Princípios para Manifestar a Sua Natureza Divina
Editora Cultrix

Neste livro, o mestre Okawa mostra de forma simples e prática como podemos desenvolver nossa vida de forma brilhante e feliz neste mundo e no outro. O autor ensina os 10 princípios básicos – Felicidade, Amor, Coração, Iluminação, Desenvolvimento, Conhecimento, Utopia, Salvação, Reflexão e Oração – que servem de bússola para nosso crescimento espiritual e felicidade.

O Ponto de Partida da Felicidade
Um Guia Prático e Intuitivo para Descobrir o Amor, a Sabedoria e a Fé
Editora Cultrix

Neste livro, Okawa ilustra como podemos obter a felicidade e levar uma vida com um propósito. Como seres humanos, viemos a este mundo sem nada e sem nada o deixaremos. Nós podemos nos dedicar à aquisição de propriedades e bens materiais ou buscar o verdadeiro caminho da felicidade – construído com o amor que dá, que acolhe a luz. Okawa nos mostra como alcançar a felicidade e ter uma vida plena de sentido.

Convite à Felicidade
7 inspirações do seu anjo interior
IRH Press do Brasil

Este livro convida você a ter uma vida mais autêntica e satisfatória. Em suas páginas, você vai encontrar métodos práticos que o ajudarão a criar novos hábitos e levar uma vida mais despreocupada, completa e espiritualizada. Por meio de 7 inspirações, você será guiado até o anjo que existe em seu interior – a força que o ajuda a obter coragem e inspiração e ser verdadeiro consigo mesmo. Você vai compreender qual é a base necessária para viver com mais confiança, tranquilidade e sabedoria:

- exercícios de meditação, reflexão e concentração respiratória fáceis de usar;
- visualizações orientadas para criar uma vida melhor e obter paz em seu coração;
- espaços para você anotar as inspirações recebidas do seu anjo interior;
- dicas para compreender como fazer a contemplação;
- planos de ação simples, explicados passo a passo.

Curando a Si Mesmo
A Verdadeira Relação entre Corpo e Espírito
Editora Cultrix

O autor revela as verdadeiras causas das doenças e os remédios para várias delas, que a medicina moderna ainda não consegue curar, oferecendo não apenas conselhos espirituais, mas também de natureza prática. Seguindo os passos aqui sugeridos, sua vida mudará completamente e você descobrirá a verdade sobre a mente e o corpo. Este livro contém revelações sobre como funciona a possessão espiritual e como podemos nos livrar dela; mostra os segredos do funcionamento da alma e como o corpo humano está ligado ao plano espiritual.

GRÁFICA PAYM
Tel. [11] 4392-3344
paym@graficapaym.com.br